cocon

Die Mengenangaben der Rezepte gelten, wenn nicht
anders angegeben, für 4 Personen.

CoCon Verlag GmbH
In den Türkischen Gärten 13
63450 Hanau
Tel: 06181 17700 Fax 06181 181333
E-Mail: kontakt@cocon-verlag.de
www.cocon-verlag.de
ISBN 978-3-86314-306-0

Gestaltung: Manfred Nachtigal

Lydia Malethon
Sabine Fladung

Rheingauer
Küchengeschichten

Lieblingsrezepte aus
unserer Heimat

Vorneweg 17

Hauptsächliches 49

Aus de Backstubb   135

Kulinarischer Blick in die Rheingauer Seele

Genuss wird dem Rheingauer seit Jahrhunderten in die Wiege gelegt

Der Rheingau gehört zu den schönsten Regionen Deutschlands: Direkt am Rhein gelegen, wo der mächtige Strom die Richtung wechselt und für wenige Kilometer nach Westen fließt. Hier ist das Klima besonders angenehm und verwöhnt die Besucher im Sommer mit Temperaturen wie im Süden Europas. Geschützt von den Wäldern des Taunus, auf wärmenden Schieferböden, an sonnenbeschienenen Hängen und in geschützten Tälern wachsen die berühmten Rheingauer Weine, edle Rebensäfte, die weltweit immer wieder aufs Neue begeistern.

Gastfreundschaft rund um diesen Wein ist eine Rheingauer Tradition, die seit Jahrhunderten gepflegt wird. Schon die Mönche des einstigen Zisterzienserklosters Eberbach, die die Weinkultur des Rheingau initiierten, pflegten die Gastfreundschaft und luden Reisende zum Nächtigen und zur gemeinsamen Vesper ein. Und nicht nur bei den Zisterzienserbrüdern in Kloster Eberbach und in deren zahlreichen Klosterhöfen überall im Rheingau wurde diese Gastfreundschaft seit dem Mittelalter gepflegt. Auch in den Burgen und Schlössern, von denen der Rheingau bis heute viele zu bieten hat, hatte Genuss von jeher einen hohen Stellenwert. Heute ist der Rheingau vor allem für Veranstaltungen wie das Rheingau Gourmet und Wein Festival und die legendären Rheingauer Schlemmerwochen weltweit bekannt und geschätzt. Aber auch im normalen Alltag kann nach Herzenslust geschlemmt werden: viele Rheingauer

Winzer bieten in Straußwirtschaften und Gutsschänken ihre eigenen Weine zu passend nach alter Familientradition zubereiteter regionaler Küche an und heißen im Rheingau Gäste von nah und fern überall herzlich willkommen. Im Sommer laden die rebenberankten Weingärten, Gutshöfe und Ausflugslokale am Rhein bei herrlichen Temperaturen zum kleinen Urlaub fernab vom Alltag ein. Und selbst verwöhnteste Gaumen kommen in den zahlreichen edlen Rheingauer Feinschmeckerrestaurants, die oft in historischen, altehrwürdigen Villen, Schlössern und Burgen zu finden sind, auf ihre Kosten.

Der Genuss ist den Rheingauern also in die Wiege gelegt, und dass die Rheingauer Küche mehr als Spundekäs', Weck, Worscht und Woi zu bieten hat, sollen die Rheingauer Küchengeschichten belegen: Die beiden Autorinnen Lydia Malethon und Sabine Fladung haben sich auf die Suche gemacht nach den kulinarischen Zeitzeugen ihrer Heimat. Facettenreich und mit Herzblut geschrieben zeigt dieses Buch den Rheingau und die Rheingauer so wie sie sind: einfach liebenswert und für die Genüsse, die das Leben bereit hält, immer aufgeschlossen. Vom Pfarrer bis zur Hausfrau, vom Sternekoch bis zum Bürgermeister, von der Weinkönigin bis zur Ordensfrau haben hier Menschen, die im Rheingau leben, Rezepte und Geschichten geliefert, die tief in die Rheingauer Seele blicken lassen.

Lydia Malethon

Lydia Malethon wurde am Hildegardistag in Rüdesheim am Rhein geboren. Mit der großen Kirchenlehrerin als Schutzpatronin wuchs sie auf, besuchte die St. Ursula Schule in Geisenheim und studierte nach dem Abitur Publizistik, Literaturwissenschaft und Geschichte. Nach Abschluss des Studiums, das sie an der Johannes Gutenberg-Universität in Mainz absolvierte, reiste sie – die Welt im Blick, den Rheingau im Herzen – durch ferne Länder. Sie war als Fachjournalistin für verschiedene Magazine unterwegs und berichtete über die touristische Situation der Zielgebiete. Nach aufregenden Jahren in fremden Betten, über den Wolken und zwischen den Zeitzonen dieser Erde ereilte sie der Ruf des Falken. Fortan war sie Pressesprecherin des damals in Niedernhausen im Taunus ansässigen Falken Verlags. Über zehn Jahre lang informierte sie Menschen und Medien über das Geschäft mit der Ware Ratgeber und entwickelte eine Leidenschaft für das Thema Kochen. Noch heute gehören Kochbücher für sie zum (Über)leben. Mit Genuss und Gesundheit beschäftigt sie sich jetzt hauptberuflich. Gemeinsam mit ihrem Mann Joachim Piszczan führt sie die Geschäfte von PR Profitable. Die Agentur für Presse- und Öffentlichkeitsarbeit betreut viele langjährige Kunden in ganz Deutschland und – seit die beiden ihren Sitz von Wiesbaden in den Rheingau verlegt haben – zunehmend auch in der Region. „Der Rheingau ist (m)ein Schatzkästlein. Hier wohnt auch meine Seele", sagt die PR Frau aus voller Überzeugung.

Sabine Fladung

Sabine Fladung, im Rheingau geboren und aufgewachsen, hat nach dem Abitur 1984 an der Rheingau-Schule in Geisenheim das Studium der Germanistik und vergleichenden Sprachwissenschaften mit Schwerpunkt Japanisch-Chinesisch an der Johannes Gutenberg-Universität in Mainz begonnen. Parallel zum Germanistik-Studium begann sie als Freie Mitarbeiterin im Rheingau-Echo, einer regionalen Wochenzeitung, zu arbeiten. Als Mutter der Zwillinge Katharina und Alexander und des Nesthäkchens Robert hängte sie das Studium an den Nagel und verlegte sich ganz auf die freie journalistische Arbeit. Vornehmlich arbeitet sie seit über 30 Jahren für das Rheingau-Echo, befasste sich aber auch schon für andere Zeitungen und Publikationen mit Kunst, Kultur und Küche in der heimischen Weinbauregion. „Für mich ist es jeden Tag auf's Neue ein Geschenk, in einer der schönsten Gegenden Deutschlands leben zu können, mit dem Rhein und seiner prachtvollen Uferlandschaft, den herrlichen Rebenhängen, den reich bewaldeten Ausläufern des Taunus, historischen Schlössern und Burgen und vor allem auch den gastfreundlichen Bewohnern, die gute Weine, passende Speisen und die schönen Dinge des Alltags von jeher zu schätzen wissen und das Leben hier so genussreich machen", so die Journalistin. In ihren Publikationen, egal ob Vereinsberichterstattung, kulturelle und kulinarische Themen oder gar Mundarterzählungen, stellt sie deshalb gerne ihre Heimat, die Menschen und die Kultur in den Mittelpunkt. Die vielen Restaurants, Geschäfte, Gaststätten und Gutsschänken ihrer Heimat hat sie dabei immer fest im Blick.

„Gut esse un trinke hält Leib un Seel zesamme"

Gibt es sie – die oder wenigstens eine „Rheingauer Küche"? Wie alle Regionen und Traditionen ist auch die des Rheingaus kulinarisch vielfältig und von vielen Einflüssen in Geschichte und Gegenwart geprägt. Wie kann ein Kochbuch dem auch nur annähernd gerecht werden?
Dieses Büchlein vereint zwei Sichtweisen, die vergnüglich zu lesen und nützlich sind.

☼ Sabine Fladung und Lydia Malethon haben Rezepte von Menschen in der Region gesammelt, darunter natürlich auch von solchen, die seit Jahrzehnten im Rheingau lebende „Haargeloffene" sind. So entstand mehr als ein Kochbuch. Wir lernen diese Menschen kennen, ihre Rezepte sind also nicht anonym.

☼ Die 60 Rezepte sind nach kulinarischen Anlässen sortiert. Das ist praktisch. Für fast jede Gelegenheit ist etwas dabei – weit mehr als die sprichwörtlichen Drei „Weck, Worscht un Woi."

Als kleine Gebrauchsanweisung gebe ich fünf Empfehlungen:

☼ Verwendet, wenn immer, möglich frische Produkte aus der Region. Kauft sie bei Menschen und in Geschäften, die euer Vertrauen verdienen und empfehlt diese auch weiter. Entdeckt neben Bewährtem auch Neues: Im Rheingau und Taunus gibt es neben Altbekanntem viel zu entdecken, vom Milchlamm über affinierte Käse bis zu hausgemachten Chutneys (sucht ruhig mal im Internet).

☼　　Kocht, wann immer möglich, frisch und esst, wann immer möglich, nicht alleine, sondern mindestens zu zweit – es schmeckt und bekommt einfach besser: „Zwaa Wutzjer uffenanner fresse besser als wie aans."

☼　　Ladet liebe Freundinnen und Freunde ein und achtet darauf, dass sie beherzt zugreifen. Wer sich ziert, wird lächelnd ermahnt: „Was mer uff de Disch stelle, gewwe mer verlorn."

☼　　Haltet es mit den Schwestern von Kloster Eibingen, die nach der Benediktsregel leben – esst mäßig und regelmäßig. Dann dürft ihr immer wieder einmal dem augenzwinkernden Motto meines Großvaters folgen: „Mer muss aach alsemol uff en Opfer verzichte könne!"

☼　　Trinkt dazu neben ausreichend Wasser Wein – vor allem den aus dem Rheingau. Bleibt dabei eurem Winzer treu und entdeckt doch auch neue und junge Winzerinnen und Winzer aus dem g a n z e n Rheingau – also von Wicker bis Lorchhausen. Ausflüge in andere Weinbauregionen nenne ich augenzwinkernd „Fremdgehen" – in Maßen ist das erlaubt, wenn man sich dabei wieder „Dorscht uff en Rhoigauer Woi" holt.

In diesem Sinn wünsche ich uns allen viel Vergnügen, Freude und Genuss beim Ausprobieren der Rezepte aus diesem Buch.

Leo Gros
Professor für Chemie, Weinauktionator, Rheingauer Urgestein

VORNEWEG

Kleinigkeiten, die Lust auf mehr machen

Dinkel für rechtes Fleisch und Blut

„Dinkel ist das beste Getreide und er ist warm, fett, reichhaltig und wohlschmeckender als andere Getreidesorten, er verleiht dem, der ihn isst, rechtes Fleisch und rechtes Blut sowie einen frohen Sinn und Freude im Gemüt des Menschen", das hielt schon die Heilige Hildegard im hohen Mittelalter in ihrer Physika fest. Und das bewahrheitet sich bis heute: Im Café der Abtei St. Hildegard in Eibingen kann man eine köstliche Dinkel-Gemüse-Suppe kosten. Die Nonnen in Eibingen verstehen sich auf den Anbau von Dinkel und Wein und sind auch im Vermarkten ihrer preisgekrönten Produkte nicht hinter dem Mond zu Hause. Das beweist der gut sortierte Klosterladen, in dem neben Büchern auch Kerzen und Schmuck, Klosterwein, Dinkel und vieles mehr angeboten werden. Silke Stadermann, die in direkter Nachbarschaft zum Kloster aufwuchs, war gerne bei den Schwestern zu Gast. Sie fühlte sich zu dem Orden so hingezogen, dass sie schon gleich nach dem Abitur in das Kloster eintreten wollte. Doch die Nonnen rieten ihr erst zu einer Ausbildung und dazu, ins Leben zu schnuppern, bevor sie einen solchen Schritt wage. So erlernte sie das Buchbinderhandwerk und trat dann schließlich als Ordensfrau in das Kloster ein. Bei der feierlichen Profess entschied sie sich, ein Leben lang als Schwester Andrea Gott zu dienen. In Eibingen bildete sie sich noch zur Winzerin weiter, wurde Hauswirtschafterin und arbeitet heute als Hausmeisterin des Klosters mit. Nach einem Feuerwehr-Lehrgang ist sie aktives Mitglied der örtlichen Wehr.

Silke Stadermann ist seit 1992 Ordensfrau im Kloster St. Hildegard in Eibingen und als Schwester Andrea die Hausmeisterin des Klosters.
Das Café im Eibinger Kloster ist samstags von 11 bis 17 Uhr, sonn- und feiertags von 14 bis 17 Uhr geöffnet. (SF)

Hildegard-Dinkel-Gemüse-Eintopf

Zutaten

200 g Kartoffeln
200 g Fenchel
200 g Karotten
200 g Steckrüben
200 g Sellerie
200 g Bohnen

2 Zwiebeln
Blattpetersilie, Bertram, Galgant,
Kubebenpfeffer, Quendel und Salz
250 g Dinkelkörner
Gemüsebrühe

Zubereitung

1 Dinkelkörner in der dreifachen Menge Wasser aufkochen und ca 1,5 Std. quellen lassen, bis sie weich sind.

2 Gemüse in Würfel schneiden. Zwiebel in Würfel schneiden und in Butter andünsten, Kartoffeln dazu und nach und nach das Gemüse.

3 Alles kurz anschwitzen und mit Gemüsebrühe auffüllen.

4 So lange köcheln lassen, bis alles gar ist.

5 Am Ende die Bohnen und die Dinkelkörner dazugeben.

6 Mit Bertram, Galgant, Kubebenpfeffer, Quendel und Salz abschmecken.

7 Eventuell mit etwas angerührter Kartoffelstärke andicken.

8 Noch einmal aufkochen und mit der fein geschnittenen Petersilie servieren.

Des Bürgermeisters Leibspeise

Süße Buttermilchsuppe mit Grießklößchen ist die Leibspeise des Oestrich-Winkeler Bürgermeisters Michael Heil: „Ein Teil meiner Familie lebt auf einem Bauernhof in Schleswig-Holstein, und Buttermilchsuppe ist in dieser Gegend eine bekannte Spezialität." In seiner Jugend hat der gebürtige Wiesbadener in den Ferien immer viel Zeit im nördlichsten Bundesland Deutschlands verbracht. Bis heute ist er ein Fan der Nordseeküste geblieben. „Meine Großtante, eine waschechte Holsteiner Bauersfrau und unvergessene Köchin, hat diese Suppe in den Ferien oft für uns gekocht. Als sie gestorben war, hat ihre Schwiegertochter diese Tradition fortgesetzt", so Bürgermeister Heil. Ganz genau kann er sich noch an seine erste Buttermilchsuppe erinnern: „Damals gab es einen urigen Knecht auf dem Hof, er stammte aus dem kleinen Ort und fand bei meiner Familie auf dem Hof Arbeit mit Unterkunft." Dieser Knecht habe schon ganz gerne mal mit den Kindern geschimpft und Michael Heil erinnert sich, dass er großen Respekt vor dem Mann mit dem hinkenden Bein hatte. Er sei einer der letzten ursprünglichen Knechte in Schleswig Holstein gewesen, die gegen Kost, Logis und einen kleinen Verdienst ihr Leben lang auf Bauernhöfen arbeiteten. „Er konnte nicht richtig kauen, das lag an seiner Behinderung, und deshalb bekam er ganz oft Buttermilchsuppe und aß allein vor der Familie in der Küche", erzählt Heil. Das reizte die Kinder natürlich sehr, die auch gerne mal diese Suppe kosten wollten. Die Tante kam diesem Wunsch gerne nach und so wurde Buttermilchsuppe die Leibspeise des Bürgermeisters. Wenn Michael Heil heute auf dem Hof zu Besuch ist, bekommt er immer ungefragt seine Buttermilchsuppe mit Grießklößchen gekocht.

Michael Heil ist Mitglied der CDU und seit 2013 Bürgermeister von Oestrich-Winkel. (SF)

Buttermilchsuppe
mit Grießklößchen

Zutaten
1 l Buttermilch
die abgeriebene Schale von einer
Zitrone
1 EL Puddingpulver, Vanille,
angerührt
1 Ei
2 EL Zucker

Für die Klößchen:
250 ml Milch
100 g Grieß
3 Eier
etwas Mehl

Zubereitung

1 Die Buttermilch mit Zitronenschale zum Kochen bringen.
2 Kurz davor mit dem Schneebesen gut durchschlagen.
3 Das angerührte Puddingpulver einrühren.
4 Für die Grießklößchen Milch, Butter und etwas Salz aufkochen.
5 Den Grieß einschütten und abbacken.

6 Nach und nach die Eier, eventuell noch etwas Mehl unterrühren.
7 Mit einem Esslöffel Klöße abstechen und in die Suppe setzen und garen.
8 Das Ei und Zucker mit dem Schneebesen zu Zuckerei schlagen und die Suppe damit abschmecken.

Mit Einmal-Unterhosen
eine Frau in Finnland gefunden

Die Frauen in Skandinavien hatten es dem Johannisberger Georg
Sudler, den alle nur als Schorsch kennen, schon von frühester
Jugend an angetan. Zusammen mit einem Freund machte er sich
Mitte der 60er Jahre nach Schweden auf, um hier die Mädchen auf-
zumischen. Die erste Reise war eine Enttäuschung auf ganzer Linie,
weil die Jungs in Schweden nicht den rechten Anschluss fanden.
Doch dann ging Schorsch die Sache ganz anders an und suchte sich
erstmal eine Brieffreundin in Finnland. Als der Kontakt stand und
er sicher war, in Finnland gut aufgenommen zu werden, besuchte
er dann seine Brieffreundin. „Mit dem Zug ging es tagelang
immer Richtung Norden, und weil ich nicht viel Gepäck mitneh-
men wollte, hatte ich mir in einer Drogerie ‚Einmal-Unterhosen‘
gekauft, die es nur in rosa gab. Doch bei einer Pinkelpause war
ich echt überrascht: die Unterhose war komplett verschwunden,
nur noch rosa Krümmel und ein Gummi um meinen Bauch waren
übrig geblieben.“ Trotzdem kam Schorsch gut in Finnland bei der
Brieffreundin an und lernte über sie die blutjunge Finnin Helena
kennen. Es funkte sofort und, kaum volljährig, kam Helena nach
einigen weiteren Besuchen von Schorsch in Finnland in den Rheingau. Sie blieb: Schon über 30 Jahre ist das Paar verheiratet und lebt
in Johannisberg. Helenas berühmte finnische Küche begeistert im
Rheingau einen großen Freundeskreis. Und sogar ihre Familie aus
Finnland fragt schon mal im Rheingau an, ob Helena ihnen Rezepte
aus ihrem Familienkochbuch verrät. Für uns hat sie das getan.
Kiitos und Hyvää ruokahalua (Danke und guten Appetit)!

Helena und Georg Sudler leben in Johannisberg, das Paar lernte
sich in Helenas Heimat in Finnland kennen. (SF)

Lachscreme mit Roggenbrot

Zutaten
400 g geräucherter Lachs
1 kleine Zwiebel
150 g Crème fraîche
0,2 l Sahne
2 TL Zitronensaft
3 EL klein gehackter Dill

Zubereitung

1 Lachs mit dem Pürierstab zerkleinern.
2 Klein gehackte Zwiebel, Zitronensaft, Crème fraîche, zum Schluss die geschlagene Sahne dazugeben und alles vermischen.
3 In einem Gefäß im Kühlschrank kaltstellen.

4 Roggenbrotscheiben mit Butter bestreichen und mit Lachscreme belegen.
5 Je nach Geschmack mit Dill und dünnen Salatgurkenscheiben dekorieren.

Variante
Alternativ dazu kann die Lachscreme auch mit warmen Pellkartoffeln gegessen werden.

Dazu passt ein trockener Rheingauer Riesling Kabinett.

Lachsrolle, mit Forellenkaviar gefüllt

Zutaten
250 g dünne Scheiben geräucherter
Lachs
0,1 l Sahne
2 EL Crème fraîche
2 EL feingehackter Schnittlauch
oder feingehackte Zwiebeln
0,1 l Forellenkaviar

Zubereitung

1 Die Lachsscheiben auf einer Klarsichtfolie so auslegen, dass eine geschlossene Fläche von 25x20 cm entsteht.

2 Sahne steif schlagen, mit Crème fraîche, Schnittlauch (oder Zwiebeln) und Forellenkaviar vermischen.

3 Die Masse auf den vorbereiten Lachsscheiben gleichmäßig verteilen, dabei alle Ränder 2 cm frei lassen.

4 Lachsscheiben mit Hilfe der Klarsichtfolie rollen.

5 Die Rolle sofort seitlich mit der Folie verschließen (wie ein Bonbon) und mit der Nahtseite der Rolle nach unten in der Folie auf ebener Fläche mindestens 4 bis 6 Stunden einfrieren.

6 In gefrorenem Zustand in etwa 1 cm dicke Scheiben schneiden und auf Vorspeisentellern oder mit Butter bestrichenem Roggenbrot noch leicht gefroren servieren.

Dazu passt ein trockener Rosé-Sekt oder Weißherbst.

Klein und Gros
Wie man mit Kartoffelsalaten ein Geburtstagskind
glücklich machen kann

Was schenkt man einem Mann, der eigentlich schon alles hat? Wieder war es mal soweit und Werners Geburtstag stand an. Die vielen Freunde rundum wurden wie eigentlich fast jedes Jahr zur großen Party im Garten eingeladen. Grillen war ganz selbstverständlich, schließlich stand der Sommer vor der Tür und brutzelndes Fleisch auf dem Grill ist nun mal das, was Männer einfach glücklich macht. Statt einem Geschenk sollten die Gäste diesmal lieber einen Salat mitbringen und zwar alle einen ganz bestimmten: den Lieblingssalat der Deutschen – einen Kartoffelsalat. Und das taten auch alle Freunde, jeder kam mit einer großen Schlüssel und jeder mit einem anderen Rezept für seinen Salat. So kam es zu einer richtigen Kartoffelsalatparty, die Verblüffendes hervorbrachte: Keiner der von den Gästen mitgebrachten Salate aus Kartoffeln und verschiedenen Zutaten schmeckte gleich. Jeder Kartoffelsalat war für sich eine leckere Offenbarung, die für immer wieder neue Diskussionen und Gesprächsstoff bei den beeindruckten Gästen sorgte. Der ganze Abend drehte sich um die gesellige Kartoffelsalat-Probe, und das Fleisch wurde wirklich ganz und gar zur Nebensache, auch bei den Männern. Zwei Kartoffelsalate kamen besonders gut an, witzigerweise zubereitet von Karin Klein und Karin Gros. Karin Klein hatte einen ganz klassischen Kartoffelsalat im Gepäck, mit Speck, Zwiebeln und Gemüsebrühe in der Marinade. Karin Gros wiederum punktete mit einem Kartoffelsalat, der mit kleingeschnittenen Äpfeln aufwartete. Einig waren sich die Gäste aber alle: die Kartoffelsalatparty darf gerne wiederholt werden.

Karin Klein ist Hausfrau und lebt in Hallgarten.
Karin Gros ist pensionierte Lehrerin und lebt in Johannisberg. (SF)

Kartoffelsalat von Karin Gros

Zutaten

1,5 kg festkochende Kartoffeln
1 kg Äpfel
1 große Zwiebel
2 Essiggurken und etwas Brühe der Gurken
1 – 2 Eigelbe

4 EL Öl
1 EL Zitronensaft oder Essig
1 – 2 TL Remoulade
Salz
Pfeffer

Zubereitung

1 Kartoffeln als Pellkartoffeln am Vortag kochen.

2 Am Zubereitungstag schälen und in kleine Würfel schneiden.

3 Auch die Äpfel, Essiggurken und Zwiebeln in kleine Würfel schneiden und mit den Kartoffeln mischen.

4 1 – 2 Eigelb (je nach Menge der Kartoffeln) mit Öl und etwas Zitronensaft oder Essig zu einer Mayonnaise verrühren und dazugeben.

5 Außerdem 1 – 2 Teelöffel Remoulade und etwas Brühe von den eingelegten Gurken mischen und dazugeben, mit Salz und Pfeffer abschmecken.

Kartoffelsalat von Karin Klein

Zutaten
1,5 kg festkochende Kartoffeln
250 g Speck
2 große Zwiebeln
1 Bund Petersilie
250 ml Gemüsebrühe
je drei EL Öl und Essig
Salz und Pfeffer

Zubereitung

1 Kartoffeln als Pellkartoffeln am Vortag kochen.

2 Am Zubereitungstag schälen und in dünne Scheiben schneiden.

3 Speck anbraten, Kartoffeln mit Speck und Zwiebeln mischen.

4 Mit noch warmer Gemüsebrühe begießen.

5 Essig und Öl mit Salz und Pfeffer mischen, zum Salat geben.

6 Ein Bund Petersilie hacken und ebenfalls dazugeben, erst jetzt gründlich, aber vorsichtig mischen, damit die Kartoffelscheiben nicht zerbrechen.

7 Mindestens vier Stunden ziehen lassen, dann servieren.

Maggi-Brot bei Oma

„Knorzelstube" hat Hilde Meißner-Seitz ihr kleines Geschäft genannt, in dem sie sich ganz dem Rheingauer Genuss hingibt. Handgemachte Marmeladen, Chutneys, Gelees und andere kleine Kostbarkeiten hat sie schon immer gerne zubereitet und immer wieder neue Rezepte ausprobiert. Vor einigen Jahren dann, nach immer größer werdendem Erfolg, erst im Bekanntenkreis, dann auf Märkten, hat sie ihr Hobby zum Beruf gemacht und ihren kleinen Laden in der Waas'schen Fabrik in Geisenheim eröffnet. Die „weltbeste Oma" aus Niederwalluf habe ihr die Gabe für genussreiche Rezepte in die Wiege gelegt, erinnert sich Hilde. Luise Hammer, geborene Roos, hieß diese Oma und nach ihr hat Hilde Meißner-Seitz auch ein Gelee benannt: „Luises Liebste – Himbeere an Rose". Jedes Jahr in den Sommerferien war die kleine Hilde dann glücklich, wenn sie einige Wochen bei der Oma wohnen durfte. Aber auch die Großmutter besuchte gerne Hilde und ihre Familie, vor allem, wenn in der Obsternte und Weinlese helfende Hände gebraucht wurden. Wenn sie dann kam, hatte sie für die fleißigen Arbeiter immer „Maggi"-Brötchen dabei: „Schrippen durchgeschnitten, mit etwas Maggi beträufelt, mit Butter bestrichen und Wurst belegt. Das liebte ich. Geschafft hab` ich nix, aber gaaaanz viele dieser Brötchen habe ich verdrückt. Die schmeckten sensationell. Am schönsten war es, wenn wir alle auf Holzstiegen unter den großen alten Kirschbäumen saßen und zu Mittag aßen." Und noch ein Rezept von Oma Luise liebt Hilde Meißner-Seitz bis heute: den leckeren Sellerie-Kartoffelsalat, der bei keiner Familienfeier fehlen darf und immer wieder alle Gäste und Familienmitglieder so begeistert, dass man fast die Beilagen dazu vergisst.

Hilde Meißner-Seitz hat sich in Geisenheim mit ihrem kleinen Geschäft Knorzelstube dem Rheingauer Genuss verschrieben. (SF)

Sellerie-Kartoffel-Salat

Zutaten (für 4 – 6 Personen)
600 g Knollensellerie
500 g Kartoffeln, festkochend
300 g Karotten
1 mittlere Zwiebel
2 EL frische gehackte Petersilie
1 – 2 TL frischer gehackter Liebstöckel
200 ml kräftige Rinder- oder
Gemüsebrühe
4 EL Sonnenblumenöl
3 EL Kräuteressig
weißer Pfeffer, frisch gemahlen
Salz
etwas Zucker

Zubereitung

1 Knollensellerie, Kartoffeln und Möhren am Vortag bissfest garen, dann schälen und klein-würfeln.
2 Zwiebel schälen und fein hacken.
3 Die Petersilie und den Liebstöckel zugeben und alles miteinander vermischen.
4 Brühe, Essig und Öl zugeben und erneut mischen.

5 Mit Pfeffer, Salz und Zucker abschmecken.
6 Vor dem Verzehr einige Stunden ziehen lassen.

Sollte der Salat zu trocken sein, kann man gerne noch etwas Brühe, Essig und Öl zugeben. Der Salat sollte schön saftig sein.

Marcel Müsels Muntermacher

„Willst du mit mir gehen?", fragt Marcel Müsel. Wer sich ihm an-
schließt, erlebt unterhaltsame und lehrreiche Stunden in schönster
Natur. Angesprochen sind alle, die sich unter fachkundiger Anleitung in die Wunderwelt des Wanderns einführen lassen möchten.
Laufend erfährt man Tipps und Wissenswertes rund um das Thema
Bewegung im Alltag. An aussichtsreichen Orten werden Stopps eingelegt, so dass auch das Auge was zu tun hat. Gesundheitswandern
ist das Bewegungsprogramm des Deutschen Wanderverbandes. Es
kombiniert Wandern mit ausgewählten Übungen, die fit machen.
Gesundheitswanderführer sind ausgebildete und zertifizierte Ex-
perten für Gesundheit und Wandern. Und wenn's um die Gesundheit geht, dann geht Marcel Müsel auch gerne mehrmals hinterei-
nander in die Hocke. Der wahre Grund dafür ist am Wegesrand zu
finden und heißt Löwenzahn, Gänseblümchen und Rotklee. Daraus
bereitet der nimmermüde Müsel einen Muntermacher, der nicht
nur viele Vitamine und Enzyme enthält, sondern auch richtig gut
schmeckt. Der kurz WWS genannte Vital Drink gehört zu den stark
in Mode gekommen Grünen Smoothies. Die drei Buchstaben stehen
für Wispertaler Wildkräuter-Smoothie und weisen den Weg nach
Lorch, ins wildromantische Wispertal, wo Marcel Müsel mit seiner
Frau Susanne lebt. Dass die Natur eine unerschöpfliche Kraftquelle
ist, weiß man schon seit Menschengedenken. Vielleicht haben sogar schon die Steinzeitmenschen ihre Energiereserven mit Grünen
Smoothies aufgefüllt. Wie auch immer. In heutigen Zeiten sind
sie als „Energy Booster" mehr als willkommen. „Aber bitte schön
langsam genießen. Schluck für Schluck – sonst können die grünen
Helferlein durchschlagenden Erfolg haben", sagt Marcel Müsel.

Marcel Müsel ist Spezialist im Segment Outdoor und zertifizierter
Gesundheitswanderführer. (LM)

Wispertaler Wildkräuter-Smoothie (WWS)

Zutaten
ca. 1/2 l natürliches Wasser
1 Banane
1/2 Apfel
1 Handvoll Löwenzahn (ca. 5 mittelgroße Blätter) zur Blütezeit inklusive der gelben Blüten

1 Handvoll Gänseblümchen (Blüten und Blättchen)
1 Handvoll Roter Wiesenklee / Rotklee
ein kleiner Spritzer Zitrone

Zubereitung

Alle Zutaten zerkleinern
und in einem Blender oder
einem Smoothie-Maker gut
durchmixen.

Der Küchenengel

Gerti Weber ist eine rheinische Frohnatur und kocht für ihr Leben
gern. Ihre „Familie", die sie täglich bekocht, ist vielköpfig. Täglich
sitzen 15 Personen am Tisch. In den Hoch-Zeiten sind es 22 hung-
rige Mäuler. Aber Gerti serviert täglich drei Gänge. Die Esser, die
sie verköstigt, sind eine ganz besondere Truppe. Ihre Arbeitsplätze
liegen in schönen alten Gemäuern und wenn der Sommer Einzug
hält im Rheingau, dann kommt ihre große Zeit. Dann sind sie froh
und dankbar, dass sie sich mittags alle zusammen an den gedeckten Tisch setzen und sich von Gerti verwöhnen lassen dürfen. Es
scheint allen zu schmecken, denn übrig bleibt fast nie etwas.
Aus ihrer rheinischen Heimat hat Gerti den Humor mitgebracht.
Ihre Leidenschaft ist Fisch. Besonders Matjes haben es ihr angetan.
Doch wer die blonde Rheinländerin kennt, der weiß: einfach nur
Matjessalat, das ist nicht ihr Ding. Als sie einmal wieder die Lust
auf zarten Matjes packte, ließ sie sich ein Rezept einfallen, das auf
den ersten Blick so klingt, als habe sich der Fehlerteufel einge-
schlichen. Aber nein, es ist gerade der Eierlikör, der Gertis Matjessalat den besonderen Pfiff gibt. Das Rezept hat ihr Ruhm und Ehre
eingebracht – nicht nur bei der Crew des Rheingau Musik Festivals.
Sie hat damit sogar schon Preise gewonnen. Uns verrät sie es hier
und heute und sagt augenzwinkernd: „Verjesst nid, Fisch muss
schwimmen." Sie empfiehlt dazu: einen trockenen Rheingauer
Riesling oder ein kühles Bierchen aus ihrer Heimat. Also: Einfach
ausprobieren!

Gerti Weber ist ein Küchenengel. Und so nennt sie sich auch.
Seit acht Jahren bekocht sie die Crew des Rheingau Musik Festivals. (LM)

Matjessalat mit Eierlikör

Zutaten

8 Matjesfilets
3 Stück gekochte Rote Beete
1 Apfel
1 Zwiebel
2 eingelegte Gurken
Apfelessig
3 EL Mayonnaise
3 EL Crème fraîche
3 EL Sahne

2 cl Eierlikör
3 Wacholderbeeren
1 Lorbeerblatt
2 Pimentkörner
1 TL Pfefferkörner
1 TL Korianderkörner
2 EL Walnusskerne
etwas frisches Koriandergrün

Zubereitung

1 Die Gewürzkörner mahlen, mit Mayonnaise, Crème fraîche, Sahne, Apfelessig, Eierlikör und Lorbeerblatt mischen und ziehen lassen.

2 In der Zwischenzeit die Matjesfilets in Streifen, Rote Beete in Würfel, Apfel in feine Spalten, Gurken in Scheiben schneiden und die Zwiebel fein hacken.

3 Alles miteinander vermischen.

4 Zerkleinerte Nüsse unterheben und mit Koriandergrün garnieren.

Rheingauer Lebensart
Sie gefällt auch den Franzosen

„Es leben mehr Franzosen im Rheingau als manch einer glaubt", so Professor Dr. Leo Gros, als er in der Brentanoscheune in seiner Show für „Haageloffene" fast ebenso viele französischstämmige Gäste wie Rheingauer begrüßen durfte. Das hat bestimmt damit zu tun, dass der Rheingau viele Jahre unter französischer Besatzung stand und man sich beim Genuss des Weines und des guten Essens schnell verbunden fühlte. Viele Rheingauer Orte sind mit französischen Gemeinden verschwistert, viele Freundschaften und sogar Ehen zwischen beiden Ländern wurden so gestiftet. Wie die schon über 40 Jahre andauernde Ehe von Nicole und Karl-Heinz Prokosch. Nicole Prokosch bekam 1972 als junge Abiturientin in ihrer Heimatstadt Chauvigny eine Anfrage aus der Partnerstadt Geisenheim, ob sie nicht als französischsprachige Mitarbeiterin für einen großen Konzern einige Monate an den Rhein kommen wolle. „Die Firma Fritz Werner unterhielt damals viele Geschäftskontakte in französischsprachige Länder, aber kein Mitarbeiter konnte genug Französisch für die Geschäftskorrespondenz", erzählt sie. Allerdings sprach sie auch kein Wort Deutsch, doch sie wagte das Abenteuer. Die 20jährige reiste „mit einem kleinen Köfferchen" in den Rheingau. Im Unternehmen fand die fröhliche Französin bald Anschluss. Kurz: Sie lernte den Johannisberger Karl-Heinz Prokosch kennen, heiratete ihn und wurde im Rheingau heimisch. Ihre Leidenschaft für die französische Küche, die so gut zum Rheingauer Wein passt, ist legendär. Regelmäßig bekocht sie ihre Freunde mit Köstlichkeiten wie dem Salade Camarguaise, einem Reissalat, der auch zu Grilladen hervorragend passt und am besten mit einem leichten, gut gekühlten Sommerwein genossen wird.

Niocle Prokosch stammt aus der Geisenheimer Partnerstadt Chauvigny, ist Hausfrau und lebt mit ihrer Familie in Johannisberg. (SF)

Salade Camarguaise

Zutaten

1 Zwiebel	8 Sardellenfilets (Anchovis) in Öl
2 Zweige Thymian	150 g gegarte geschälte Garnelen
1 Lorbeerblatt	1 TL scharfer Senf
200 g roter Camargue-Reis	3 EL Rotweinessig
je 1 rote und grüne Paprikaschote	Salz, Pfeffer
4 Tomaten (ca. 300 g)	6 EL Olivenöl
2 Knoblauchzehen	Ingwerpulver, etwas frische Minze
50 g schwarze Oliven	und Basilikumblättchen

Zubereitung

1 Die Zwiebel schälen und halbieren. Den Thymian waschen.

2 Knapp 1 l Wasser mit Thymian, Lorbeerblatt und Zwiebel zum Kochen bringen.

3 Das Wasser salzen und den Reis hineinschütten.

4 Den Reis zugedeckt bei schwacher Hitze 45 Min. bissfest garen, dann abgießen und abkühlen lassen.

5 Zwiebel und Kräuter entfernen.

6 Paprikaschoten waschen, schälen, in kleine Würfel schneiden.

7 Die Stielansätze aus den Tomaten herausschneiden, Tomaten überbrühen, kalt abschrecken, häuten und klein würfeln.

9 Den Knoblauch schälen und sehr fein hacken.

10 Die Oliven, die Sardellen und die Garnelen abtropfen lassen.

11 Die Sardellen vierteln.

12 Den Senf mit dem Essig, Salz, Pfeffer und Ingwerpulver verrühren, Olivenöl kräftig unterschlagen, bis eine cremige Sauce entstanden ist.

13 Den Reis mit Gemüse, Knoblauch, Oliven, Sardellen, Garnelen, Minzeblättchen und der Vinaigrette mischen und kräftig abschmecken.

14 Die Basilikumblättchen auf den Salat streuen.

Zungenschmeichler mit Schuss

Einer der Renner im Gutsausschank des Weinguts Altenkirch und absoluter Liebling des gesamten Weingut-Teams ist das Riesling-Rahm-Süppchen. Doch am häufigsten hat das samtige Süppchen wohl der Chef selber gegessen. Jasper Bruysten, der in Holland geborene Rheingauer aus Leidenschaft, will sogar herausschmecken können, mit welchem Altenkircher Riesling da gekocht wurde. Kommt er aus dem Bodenthal, so fällt das Süppchen würziger aus. Kommt er aus dem Schlossberg, so besticht die Kreation durch eine pikante Säure, die den Gaumen putzt, erfrischt und bereit macht für weitere kulinarische Abenteuer.

Gut zu wissen: Jede Rheingauer Hausfrau, die etwas auf sich hält, hat in ihrem Repertoire garantiert ein Süppchen mit Wein. Doch wie überall und immer beim Kochen macht die Qualität der Zutaten den kleinen feinen Unterschied aus. Deshalb trinkt nicht nur Jasper Bruysten gerne genau den Wein zum Essen, der auch mit verkocht wurde. So entsteht ein harmonisches Geschmackserlebnis. Und so kann bei der Weinauswahl nichts schiefgehen.

Jasper Bruysten ist Betriebsleiter und Kellermeister im Weingut Altenkirch in Lorch. Er ist viel unterwegs – im Weinberg, im Keller, im Rheingau und in der weiten Welt. Wenn er nach Hause kommt, freut er sich auf seine Familie und ein gemütliches Essen. (LM)

Riesling-Rahm-Süppchen

Zutaten
1 Knoblauchzehe
2 Karotten
1/4 Selleriestängel
2 große Kartoffeln
4 Schalotten
10 g Butter

1 l Hühnerbrühe
350 ml Lorcher Riesling, trocken
250 ml Sahne
Muskatnuss
Salz, Pfeffer

1 Die Knoblauchzehe fein hacken, die Schalotten und Karotten in kleine Würfel, Sellerie und Kartoffeln in kleine Stücke schneiden.
2 Alles zusammen in Butter andünsten und mit Salz, Pfeffer und Muskatnuss würzen.
3 Mit der Hühnerbrühe und dem Lorcher Riesling ablöschen und so lange kochen, bis das Gemüse gar ist.

4 Die warme Suppe mit einem Stabmixer oder in der Küchenmaschine pürieren und evtl. noch durch ein Sieb passieren.
5 Zuletzt die Sahne hinzufügen und die Suppe in vorgewärmten Tellern oder Suppentassen servieren.

Restsüßer Riesling und Wildschwein
Ein ideales Paar

Wild ist im Rheingau allgegenwärtig. Die Wälder des Taunus umrahmen die Weinberge und dienen den Rheingauern als Oase der Erholung. Hier lebt auch eine große Wildschweinpopulation. Die Tiere sind eine beliebte Beute der Jäger. Auch viele Rheingauer Metzger führen Wild in ihrem Repertoire. Die Gastronomie punktet mit fantasievollen Wildgerichten und in den Familien kommt regelmäßig Wildfleisch auf den Tisch – meist als Sonntagsbraten. Nach dem Motto „Für die Gäste nur das Beste" bereitet Herwig Hacker, in Sachen Wein für die Weingüter Wegeler in ganz Deutschland unterwegs, eine besondere Leckerei aus Wildschweinleber zu. Die Pastete oder Pâté eignet sich perfekt als Vorspeise und lässt sich gut vorbereiten. Dazu serviert der gelernte Sommelier einen Weißwein, der mehr Jahre auf dem Buckel haben sollte als die verarbeitete Sau. Allerdings: Nicht jeder Weißwein verträgt sich mit den ausgeprägten Wildaromen. Ein ideales Paar geben reife, restsüße Rieslinge und Wildfleisch ab. Die Weine sind „gut abgehangen" und haben ihre Balance gefunden. Die Säure ist perfekt eingebunden, die Frucht ausgeprägt – aber keineswegs dominant. Diese Ausgewogenheit, die ein bisschen an die Weisheit des Alters erinnert, macht reife Rieslinge zu idealen Begleitern von Wildbraten und Ragouts, Wildschinken und Wildpastete. Wild hat bekanntlich seinen ganz eigenen, von Kennern sehr geschätzten. Haut Goût, der, sekundiert von einem reifen Riesling, die Geschmacksknospen tanzen lässt. So, wie im richtigen Leben das gewisse Etwas erst mit den Jahren kommt, so verhält es sich auch beim Riesling. Und wo reife Rieslinge und zartes Wildfleisch sich begegnen, da entsteht fast immer ein interessantes Spannungsfeld.

Herwig Hacker ist geprüfter Sommelier und Koch und arbeitet als Vertriebchef der Weingüter Wegeler für Deutschland. (LM)

Feine Wildschweinleber-Pâté,
geröstetes Graubrot und Riesling-Gelee

Zutaten (für mindestens 8 Personen,
Nachschlag inbegriffen)
Für die Pâté
1 frische Wildschweinleber vom
Überläufer
2 große Gemüsezwiebeln
100 g geräucherter Bauchspeck
3 Stängel frischer Thymian
3 Stängel frischer Majoran
100 ml süße Sahne
250 g Butter
100 ml reifer Portwein
Salz und Pfeffer

Für das Riesling-Gelee:
500 ml reife Riesling Auslese
14 Blatt Gelatine

Graubrot

Zubereitung

1 Die Gelatine in kaltem Wasser
einweichen, die reife Riesling
Auslese erhitzen, die Gelatine
darin auflösen, das Ganze in
eine Kunststoffdose gießen
und im Kühlschrank erkalten
lassen.
2 Die frische Wildschweinleber
putzen und in grobe Würfel
schneiden. Gemüsezwiebeln
und den geräucherten Bauchspeck in feine Würfel schneiden.
3 Die Kräuter von den Stielen
zupfen und feinhacken.
4 Zwiebeln und Speck in
einem großen Topf goldbraun
anschwitzen.
5 Die Leberwürfel und Kräuter
hinzugeben und mitschwitzen.
6 Nach und nach den Port und
danach die Sahne angießen.
7 Das Ganze salzen und pfeffern. Bei kleiner Hitze köcheln
lassen, bis die Leberwürfel
fest werden und auf Druck des
Kochlöffels brockeln.

Fortsetzung nächste Seite

8 Den Topf von der Hitze nehmen und den Inhalt mit einem Pürierstab oder im Cutter möglichst fein pürieren.

9 Dann abschmecken, ruhig kräftiger, denn die Intensität reduziert sich nach dem abkühlen.

10 Die Farce durch ein feines Sieb streichen und ohne Luftlöcher zu bilden, in eine Terrinenform oder Schüssel streichen.

11 Der ganze Vorgang sollte möglichst im warmen Zustand erfolgen, da die Farce so streichfähiger ist.

12 Das Riesling-Gelee stürzen und in feine Würfel schneiden.

13 Die Graubrotscheiben toasten und mit einem großen Ausstecher rund ausstechen.

14 Je drei Brotscheiben auf dem Teller anrichten, je eine Nocke der Pâté auf die Brotscheiben setzen, das in feine Würfeln geschnittene Riesling-Gelee von der Tellermitte aus anstreuen.

Dazu mundet ein reifer Riesling, zum Beispiel ein 1990er Oestricher Lenchen Riesling Auslese.

Wein.Erlebnis.Welt
Familientradition auf dem Georgshof

Mit allen Sinnen kann man im Winkeler Weingut Fritz Allendorf Wein und Speisen genießen, denn: Hier gibt es einen erlebnisreichen Parcours rund um den Wein. Über 100 Weine und Sekte können die Besucher Allendorfs „Wein.Erlebnis.Welt" probieren. Bereits seit 1292 betreibt die Winkeler Familie Allendorf Weinbau mit Leidenschaft. Mit über 70 Hektar ist ihr Gut der größte private Weinbaubetrieb im Rheingau. Allendorf gehört nicht von ungefähr zu den 200 besten Weingütern Deutschlands. Jede Generation trägt dazu bei, dass das zum „VDP.Die Prädikatsweingüter" gehörende Gut immer mit Blick auf die Familientradition geführt wird – in eine große Zukunft.

Und bei den weinverrückten Allendorfs kann man nicht nur den Wein „erleben", sondern auch schlemmen und genießen: In zwei Gaststuben und im weitläufigen, überdachten Gutshof führt Christel Schönleber die Tradition ihrer Mutter Lotte Allendorf fort, die vor 35 Jahren die erste Straußwirtschaft auf dem Georgshof ins Leben gerufen hat. Hier können sich die Gäste im lauschigen Hof an einem Servicepunkt mit den Weinen des Hauses und erstklassigen Speisen eindecken. Die Auswahl ist groß, Familie Allendorf bietet neben Klassikern wie dem legendären Spundekäs' auch Tafelspitz mit grüner Soße, Rindfleischsalat mit Bratkartoffeln und die heißgeliebten Rinderrouladen in Spätburgunder mit Apfelrotkraut als kulinarische, wechselnde Küchenthemen an. Besonders beliebt ist die Rheingauer Kartoffelsuppe, die auch bei den vier Generationen auf dem Georgshof immer wieder gerne auf den Tisch kommt.

Das Weingut Allendorf in Winkel bewirtschaftet den Georgshof, die Wein.Erlebnis.Welt und eine Vinothek auf der Rheinstraße in Rüdesheim. (SF)

Rheingauer Kartoffelsuppe mit Steinpilzen und Krachelchen

Zutaten für die Suppe
(8 – 10 Personen)
2 kg mehlig kochende Kartoffeln
1 Stange Lauch
5 Karotten
1 Flasche Rotling (ersatzweise feinherber Riesling)
50 g getrocknete Steinpilze oder 500 g geputzte Steinpilze

100 g Butter
1 l Sahne
Salz, Gemüsebrühe

Zutaten für die Krachelchen
1 Toastbrot
250 g Butter

Zubereitung Suppe

1 Die Kartoffeln und Karotten schälen und mit dem Lauch in kleine Stücke schneiden.
2 Zusammen mit 3 EL Gemüsebrühe und 1 TL Salz und den Steinpilzen in einen Topf geben.
3 Aufgießen mit 1 l Rotling und Wasser, bis alles gut bedeckt ist.
4 Kochen lassen, bis die Kartoffeln und das Gemüse weich sind.
5 100 g Butter zugeben und pürieren, langsam die Sahne dazugeben. Falls die Suppe zu dick wird, eventuell mit Gemüsebrühe verlängern.

Zubereitung Krachelchen

Toastbrot in kleine Würfel schneiden und 250 g Butter in der Pfanne schmelzen lassen, die Würfel zugeben und langsam rösten, dabei stetig wenden.

Wilde Komposition
Was für ein Klops ...

Mit der European Business School – kurz EBS genannt – kam die
weite Welt nach Oestrich-Winkel. Plötzlich wurden für das Rheingauer Ohr fremde Sprachen gesprochen – beim Metzger, beim
Bäcker und in den Gasthäusern. Die EBSler waren einfach überall.
Für die Studenten aus aller Herren Länder muss die Begegnung mit
den Ur-Rheingauern mindestens genauso gewöhnungsbedürftig
gewesen sein wie umgekehrt.

Auch Thomas Knuf, für seine kunstvollen Frisuren mit Pokalen
und Urkunden überhäuft, hatte plötzlich Kundschaft aus aller Welt
im Laden in Winkel sitzen. Er kam schnell mit den Studenten ins
Gespräch. Und wie das beim Friseur so ist, redete man beim Haare-
schneiden über dies und das – auch über die deutsche Küche. Und
genau da erwachte des Meisters Lust auf Multikulti-Kreationen, die
Rheingauern wie EBSlern gleichermaßen schmecken. Von der Jagd
bringt der Figaro regelmäßig Wildfleisch mit. Doch ein bisschen
durchgedreht sollte das schon sein, was Thomas Knuf sich in Wal-
desruh auf dem Hochsitz ausgedacht hatte. Zu Hause drehte er seine
Beute durch den Fleischwolf, würzte die Masse mit frisch gemör-
sertem Szechuan-Pfeffer und fein geschnittenen Chilischoten und
backte daraus Frikadellen. Der Wildburger EBS-Style war geboren. Er
überzeugte nicht nur die China-Fraktion unter den Studenten. Auch
was das Thema gesunder Genuss angeht, macht das scharfe Teil
Laune. Denn: Wildfleisch ist fettarm und frei von Giftstoffen wie
Medikamenten. Und das Beste zum Schluss: lange Transportwege
entfallen – Thomas Knuf jagt vor der Haustür im schönen Taunus.

Thomas Knuf ist Friseurmeister und hat sein Können in nationalen
und internationalen Meisterschaften unter Beweis gestellt. Seine
extravaganten Kreationen präsentiert er bei Seminaren für Profis
und Fotoshootings. (LM)

Wildburger EBS-Style

Zutaten
400 g Wildfleisch
1 kleine, frische, rote Chilischote
einige Körner Szechuan-Pfeffer
1/2 Knoblauchzehe
1 Ei
1/2 Zwiebel
Semmelbrösel oder ein kleines in
Wasser eingeweichtes, ausgedrück-
tes Brötchen
Sojasoße
auf Wunsch Chilisoße

Tipp:
Ist die Masse zu fest, so kann sie
mit einem EL Speisequark gelockert
werden

Zubereitung

1 Das Wildfleisch durch den
Fleischwolf drehen.
2 Wer Wild beim Metzger
kauft, kann sich das Fleisch
auch beim Metzer passieren
lassen.
3 Chilischote entkernen und
in hauchfeine Streifchen oder
Würfelchen schneiden.
4 Szechuan-Pfeffer mör-
sern und zusammen mit der
gehackten Knoblauchzehe, der
zerkleinerten Zwiebel und dem
aufgeschlagenen Ei unter die
Fleischmasse mischen.

5 Semmelbrösel oder ausge-
drücktes Brötchen dazuge-
ben, so dass ein glatter Teig
entsteht.
6 Zum Schluss mit Sojasoße
würzen. Vier flache Frikadellen formen und diese in der
Pfanne oder im Kontaktgrill gut
durchbraten.
7 In einem knusprigen
Brötchen, das mit Chilisoße
bestrichen ist, zusammen mit
knackigen Salatblättern, gerne
auch mit Sojabohnenkeimlin-
gen servieren.

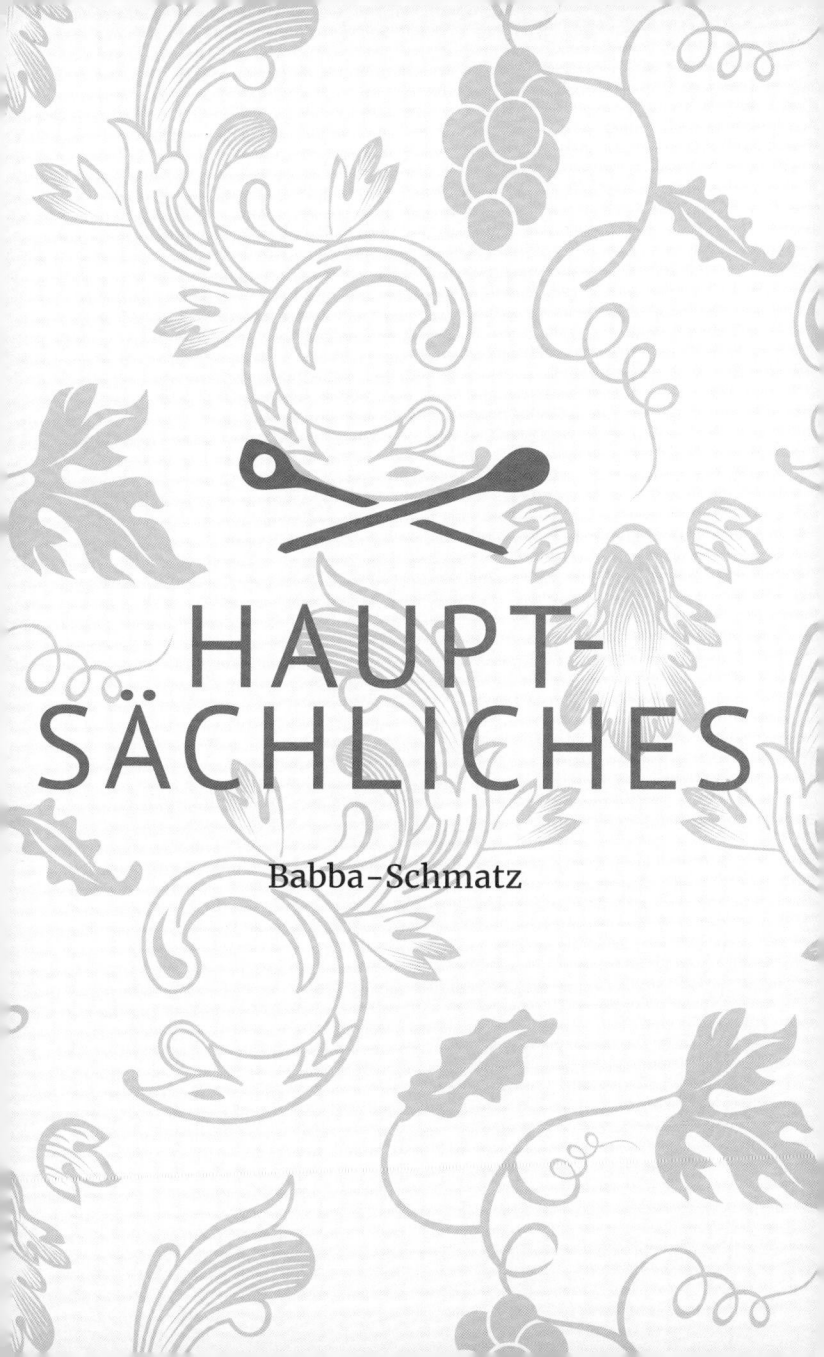

HAUPT-SÄCHLICHES

Babba–Schmatz

150 Eier und ein Schneebesen
Der Rheingauer Comedian „Gude Gerd" schlägt Hollandaise

„Man freut sich vom Rollator bis zur Kinnerschees – der ‚Gude Gerd' macht Hollandaise."

Gerd Brömser, gelernter Koch und heute Rheingauer Comedian, hält mit seiner Meinung nicht hinter dem Berg: „Sauce Hollandaise wird überall angeboten. Zu 90 Prozent handelt es sich dabei aber leider um ‚Tapetenkleister' – auch in guten Restaurants."

Das „Zeug" aus dem Tetrapak mit echter, selbst aufgeschlagener Hollandaise zu vergleichen, sei „wie eine kalte Bockwurst als Filetsteak zu bezeichnen", erklärt Gerd Brömser.

1957 in Aulhausen geboren, hat der Ur-Rheingauer schon in der heimischen Fastnacht stets für Furore gesorgt. Heute hat er sein Hobby zum Beruf gemacht und ist als schlagfertiger und äußerst witziger Stand up-Comedian im Rheingau unter dem Namen „Gude Gerd" bestens bekannt.

Seine Ausbildung zum Koch hat er in der „Krone" in Assmannshausen absolviert. Dort waren damals viele prominente Gäste wie z.B. Walter Scheel, Rudi Carrell und Helmut Schön anzutreffen. „Gekocht wurde noch in der Küche und für den Gast. Nicht wie heute im Fernsehen mit Show-Koch-Stars, die mit dem Hubschrauber einfliegen. Meine Aufgabe als Lehrling (damals durfte man dieses Wort noch benutzen) war es oft, die Hollandaise aufzuschlagen. Selbstverständlich jeden Tag frisch. Mein persönlicher Rekord waren einmal 150 Eigelbe an einem Tag. Zwei Stunden von Hand. Nur ein echter Koch weiß, was das bedeutet. Trotz dieser Menge gab es in der Krone nie Massenabfertigung", erinnert er sich und gibt gerne das Rezept weiter.

Gerd Brömser stammt aus Aulhausen und tritt regelmäßig auf den Kleinkunstbühnen der Region als Comedian „Gude Gerd" mit abendfüllenden Programmen auf. (SF)

Sauce Hollandaise

Zutaten
3 Eigelbe
200 – 250 g Butter
5 – 6 EL Riesling trocken

Salz
Cayennepfeffer,
frischer Zitronensaft

Zubereitung

1 Eigelbe mit dem Wein in einer Schüssel im Wasserbad im „Achtermuster" aufschlagen.
2 Selbstverständlich mit dem Schneebesen von Hand, solange, bis sich die Masse verdoppelt hat.
3 Dann die geklärte Butter (siehe rechts) tropfenweise einrühren („einschlagen").
4 Achtung, wenn die Soße zu „glänzen" beginnt, die Butter langsamer dazugeben.
5 Immer auf die Temperatur achten!
6 Sollte die Hollandaise gerinnen („abhauen"), kann man sie mit einem Esslöffel kaltem Wasser oder Wein vom Schlüsselrand durch langsames Einrühren wieder retten.

7 Mit Salz, Cayennepfeffer und frischem Zitronensaft abschmecken.

Geklärte Butter:
1 Die Butter langsam in einem Topf unter ständigem Rühren erhitzen, bis sie aufschäumt und plötzlich klar wird, dabei viel rühren, sonst brennt alles schnell an und ist dann vollkommen unbrauchbar.
2 Die Butter durch ein Sieb geben und, wie oben beschrieben, der Sauce zuführen.

Darauf achten, dass die Butter nun nicht zu heiß ist.

Geheimnis der sieben Krusten
Paradestückchen aus der Zehntenhofschänke

Thomas Fraund von der Zehntenhofschänke in Winkel ist immer
für eine Überraschung gut. Wenn ihn die Lust packt, dann kocht er
für seine Gäste Gerichte, die es im Rheingau sonst nirgends gibt.
Und wenn ihn der Teufel reitet, dann kocht er Cassoulet. Das dauert
verdammt lange und schmeckt teuflisch gut, denn die Zutaten
haben es in sich. Der Name Cassoulet geht auf das Wort Cassole
zurück, dem irdenem Kochgeschirr, in dem dieses südfranzösische
Traditionsgericht gekocht wird. Ein Cassoulet bereitet man meist
mit Speck, gepökeltem Schweinefleisch und Knoblauchwurst zu.
Die unterschiedlichen Zutaten werden nach Verfügbarkeit und nach
eigenen Vorlieben verändert. Doch eines sollte in einem Cassoulet
niemals fehlen: Es sind die magischen sieben Krusten. Sie entstehen wie folgt: Das Gericht wird im Ofen gegart und zieht dadurch
auf der Oberfläche immer wieder eine Haut oder Kruste, die beim
Garprozess des Öfteren – am besten sechsmal – untergerührt,
bevor die finale Kruste entsteht. Die Variante mit konfiertem Pulpo
ist Thomas Fraunds Lieblings-Cassoulet. Neben Pulpo findet man
in seinem Cassoulet auch einen echten Schatz: das Pfaffenstückchen oder wie die Franzosen sagen: „Sot l'y laisse", zu Deutsch
„Ein Narr, der es liegen lässt". Die Pfaffenstückchen sind an jedem
Geflügeltier zu finden. Sie liegen am Rücken links und rechts neben
der Wirbelsäule – oberhalb des Gelenks der Oberkeule. Das Fleisch
ist sehr zart und aromatisch. Je nach Geflügelart sind die Pfaffenstückchen größer oder kleiner. Und immer sind sie ein Hochgenuss.
Sie waren oft dem Pfarrer vorbehalten, wenn er zu Gast bei den
Weltlichen war.

Thomas Fraund ist Betreiber der Zehntenhofschänke in Winkel und
kocht mit Lust und Leidenschaft – nicht nur Cassoulets. Auch sein
Vitello Goethe muss man unbedingt mal probiert haben. (LM)

Cassoulet mit konfiertem Pulpo

für ca. 5 bis 6 Personen

Zutaten für den Pulpo
0,2 l Olivenöl
1 Dose Schältomaten (850 ml)
0,2 l Riesling
1 EL Schwarze Pfefferkörner
1 Lorbeerblatt

2 mit dem Messerrücken zerdrückte
Knoblauchzehen
1 TL Fenchelsamen
ca. 1 kg Pulpo (sauber geputzt)

Zubereitung Pulpo

1 Die Zutaten in der angegebenen Reihenfolge in einen flachen, mit dem Deckel gut abschließenden, ausreichend großen Topf geben, den Pulpo darauf setzen und bei mäßiger Hitze ca. 1,5 – 2 Std. ganz langsam garziehen lassen.
2 Ggf. den Pulpo nach etwa 2/3 der Garzeit wenden.
3 Wichtig ist, dass der Deckel des Topfes unbedingt gut schließt, um so wenig wie möglich Wasserdampf entweichen zu lassen.

4 Ob der Pulpo ist fertig, prüft man, ähnlich wie beim Kartoffelkochen, mit einer Rouladennadel, die man durch den dickeren Teil der Fangarme sticht.
5 Den Pulpo herausnehmen und bis zum Portionieren auskühlen lassen.

Fortsetzung nächste Seite

Zutaten für das Cassoulet
Olivenöl zum Anbraten
1 großes Stück Speckschwarte
3 große Eschalotten
1 – 2 Knoblauchzehen
3 Karotten
3 Stangen Staudensellerie
1 Petersilienwurzel
einige Stängel frischer Thymian
1 Zweig Rosmarin
8 – 10 cl Weinbrand
1/4 l Weißwein (Riesling)
1,5 l gute Kalb oder Geflügelbrühe

0,3 kg weiße Bohnen (im Original Französische Lingots) min. 12 – 18 Std. vorher einweichen
1 kg Pfaffenstückchen / Sot l'y laisse von einem Geflügel Ihrer Wahl
Pfeffer und Salz
1 Bund Blattpetersilie
Zitronenabrieb
etwas Butter
Semmelbrösel

Zubereitung Cassoulet

1 Die Schalotten und den Knoblauch schälen und fein würfeln. Gemüse waschen, schälen und in Würfel mit je 1/2 cm Kantenlänge schneiden.
2 Die Speckschwarte mit dem Olivenöl in einem schweren, entsprechend großen Kochgeschirr anbraten, herausnehmen und beiseite stellen.
3 Im gleichen Öl die Schalotten mit dem Knoblauch anschwitzen, die Gemüsewürfel mit Thymian und Rosmarin dazugeben und ebenfalls gut durchschwitzen.
4 Jetzt die Speckschwarte wieder dazugeben.

5 Kurz bevor das Gemüse Farbe annimmt, mit dem Weinbrand ablöschen, kurz reduzieren und dann ein zweites Mal mit dem Riesling ablöschen, auf die Hälfte der Flüssigkeit reduzieren.
6 Die eingeweichten Bohnen abschütten, dazugeben und mit der Brühe auffüllen.
7 Alles gut durchrühren und bei starker Hitze zum Kochen bringen.
8 Je nach Geschmack kann ein Teil der Brühe durch den Konfierfond des Pulpo ersetzt werden.
9 Den Topf zum Fertiggaren bei 200° C im vorgeheizten

Ofen (ohne Umluft) auf die mittlere Schiene geben, gelegentlich durchrühren, evtl. noch Brühe angießen.

10 Kurz bevor die Bohnen weich sind, die Pfaffenstückchen unterrühren und bis zum völligen Garwerden wieder in den Ofen geben.

11 Den Pulpo in mundgerechte Stücke schneiden.

12 Petersilie waschen, zupfen und in feine Streifen schneiden, zusammen mit der Butter, Zitronenabrieb und den Semmelbröseln zu einer Art „Gremolata" mischen.

13 Kurz vor dem Servieren den Pulpo zum Erhitzen einrühren und mit Pfeffer, Salz, evtl. noch Weinbrand oder Riesling abschmecken.

14 Ggf. noch etwas Brühe oder Konfierfond angießen und mit der Petersilienmischung bestreuen.

15 Nun ein letztes Mal in den Ofen, um dem Gericht die traditionellen „Sieben Krusten" zu geben.

Der Landrat und die Forelle
Für Burkhard Albers ist Kochen wahre Lebensfreude

Forelle war für Landrat Burkhard Albers schon zu Kinderzeiten in Höxter im Weserbergland eines seiner Leibgerichte. „Für die Zubereitung war immer mein Vater zuständig gewesen", erinnert sich der Chef im Kreishaus des Rheingau-Taunus-Kreises, der selbst gerne am Herd steht. Als der Sozialdemokrat dann in den Rheingau zog, lernte er durch seine Bekannten die berühmten Wisperforellen kennen. Die an dem kleinen Taunusflüsschen Wisper in Teichen behutsam gezüchteten Fische sind in der ganzen Region für ihren besonderen Geschmack bekannt. Dank der Fließgeschwindigkeit, den optimalen Sauerstoff- und pH-Werten sowie der Sauberkeit der Wisper finden die Forellen beste Bedingungen vor, was sich natürlich auch deutlich im Geschmack äußert.

Das weiß auch der Wahl-Rheingauer Burkhard Albers zu schätzen, für den Kochen etwas ganz besonderes bedeutet. „Ich halte es da mit Günter Grass: ‚Es gibt nur ein Vergnügen, das größer ist als die Freude, gut zu essen: Das Vergnügen, gut zu kochen.' Denn beim Kochen kann ich abschalten, kann die Vorfreude auf das Essen genießen. In der Küche stehen, und das mache ich so oft wie nur möglich, wenigstens zwei Mal in der Woche, gehört einfach zur Lebensfreude dazu", erzählt der Landrat. Gerne hat er dann auch mal schon mal als „Kochwein" ein Glas Riesling in der Hand, plaudert dabei mit seinen Familienmitgliedern oder mit Bekannten, die eingeladen sind. „Zusehen, wie sich die Forelle im Backofen ‚entwickelt', dabei läuft mir im Munde das Wasser zusammen und das ist ein wahres Vergnügen für mich", so der Landrat, der guten Appetit beim Ausprobieren des Rezeptes wünscht.

Burkhard Albers lebt mit seiner Familie in Hattenheim, ist Sozialdemokrat und seit 2005 Landrat des Rheingau-Taunus-Kreis. (SF)

Wisperforellen

Zutaten für 2 Personen
2 Forellen à 400 g
Salz
Pfeffer
Mehl

50 g Butter
2 Eier
Semmelbrösel

Zubereitung

1 Die Forellen waschen und anschließend trocken tupfen.
2 Mit Salz und Pfeffer innen und außen leicht würzen.
3 Die Forellen in Mehl, dann in den verquirlten Eiern und anschließend in den Semmel-bröseln wälzen.
4 Auf das gefettete Backblech legen und mit Butterflöckchen bedecken. Garzeit bei 175° C (Umluft) ca. 20 – 25 Min. (im vorgeheizten Backofen).

Dazu schmeckt ein Feldsalat, ein klassischer Riesling passt besonders gut.

Immer wieder sonntags ...

Es ist noch gar nicht so lange her, da lebte man wochentags meist
vegetarisch. Sonntags regierte dann die Fleischeslust. Im Backrohr
schmorte ein großer, hingebungsvoll zubereiteter Sonntagsbraten
seiner Vollendung entgegen. Unvergessen der Duft, der Großes an-
kündigte. Das Fleisch kam von glücklichen Tieren, und es kam vor,
dass man die Wutz oder den Ochs persönlich kennengelernt hatte.
Berührungsängste gab es nicht. Zu groß war das Verlangen nach
der butterzarten, saftigen Bratenscheibe, die man sich so sehn-
suchtsvoll wünschte. Erwartungsvoll saß bisweilen auch der Pfarrer
mit am Tisch. Es war Sitte, dass sich die „Patres" und die „Parre"
sonntags nach dem Hochamt bei den Familien zum Essen einluden.
Nach dem Tischgebet kam auch „en gude Schobbe" ins Glas. Dann
wurde aufgeschnitten. Der geistliche Herr bekam das beste Stück.
Die Hausfrau legte großzügig nach, so dass der Sonntagsbraten
tatsächlich nur dem Sonntag vorbehalten blieb.
Ein absoluter Hochgenuss war und ist Oma Marias „Sauerbrode
met Gadoffelkleeß". Die Erinnerung an sein aromatisches, mürbes
Fleisch, das mehrere Tage vorher eingelegt worden war, ist für
Susanne Breuer untrennbar verbunden mit einer glücklichen Kindheit und unvergesslichen Sonntagsfreuden. Das Rezept brachte sie
mit in die Ehe. Noch heute versammelt sich die Familie mit Kindern und Enkeln und lässt sich Omas Marias Sauerbraten schmecken. Auch die Gäste in Breuers Rüdesheimer Schloss bekommen
was ab. Denn Küchenchef Michael Hemberger hat das Rezept in
sein Repertoire übernommen und verwöhnt Gäste aus aller Welt
mit diesem ganz besonderen Leckerbissen

Susanne Breuer ist Gastgeberin im Weingasthaus Breuers Rüdesheimer Schloss in der Drosselgasse. Küchenchef **Michael Hemberger** ist seit langen Jahren an der Seite der Familie Breuer. (LM)

Oma Marias Sauerbraten

Zutaten für die Marinade
800 ml Rotwein, trocken
200 ml Rotweinessig
3 Karotten
1 Stange Lauch
1 Sellerieknolle
3 Zwiebeln
1 EL Wacholderbeeren
5 Lorbeerblätter
10 Pimentkörner
1 EL Senfkörner

Zutaten zum Anbraten
1 kg Rinderbraten (Tafelspitz oder Oberschale)
50 g Butterschmalz
2 EL Tomatenmark
80 g Rosinen (in etwas Rotwein einweichen)
80 g Mandeln gehobelt
120 g Pumpernickel (alternativ Lebkuchen)
4 EL Preiselbeeren
Salz und Pfeffer

Zubereitung

1 Das Gemüse schälen und in nicht zu kleine Würfel schneiden.
2 Den Rotwein mit dem Essig aufkochen, das Gemüse und die Gewürze hinzugeben.
3 Das Ganze 4 – 5 Min. bei leichter Hitze köcheln und danach abkühlen lassen.
4 Das Fleisch in eine Schüssel geben und mit der abgekühlten Marinade übergießen.
5 Die Schüssel sollte nicht zu groß gewählt werden, damit das Fleisch auch komplett bedeckt ist.
6 Nun das Fleisch 4 bis 6 Tage im Kühlschrank ziehen lassen und dabei mehrmals wenden.
7 Das Fleisch aus der Marinade holen, mit Küchenpapier trocken tupfen und mit Salz und Pfeffer kräftig würzen.
8 Die Marinade über ein Sieb gießen, damit die Flüssigkeit von dem Gemüse getrennt wird.

Fortsetzung nächste Seite

9 Das Butterschmalz in einem Bräter erhitzen und den Braten darin anbraten.

10 Das Fleisch herausnehmen, das Gemüse mit dem Tomatenmark in den Bräter geben und kräftig anbraten lassen (Achtung – wird sehr schnell schwarz!).

11 Mit einem Teil der Flüssigkeit ablöschen und reduzieren, bis die Flüssigkeit im Bräter komplett verdampft ist.

12 Diesen Vorgang zwei bis drei Mal wiederholen, bis eine schöne dunkelbraune Farbe entstanden ist.

13 Nun den Braten auf das Gemüse setzen, und mit einem Teil der übrigen Flüssigkeit auffüllen.

14 Den Bräter mit einem Deckel verschließen und zwei Stunden bei gelinder Hitze schmoren lassen.

15 Hin und wieder den Braten wenden und mit etwas Flüssigkeit aufgießen.

16 Die Garzeit beträgt je nach Fleischstück 90 – 120 Min.

17 Eine gute Garprobe ist, wenn man eine Fleischgabel, mit der man in das Fleisch gestochen hat, ohne Widerstand wieder herausziehen kann.

18 Wenn das Fleisch gar ist, aus dem Bräter nehmen und abgedeckt etwas ruhen lassen.

19 Derweil die Soße in einen kleinen Topf passieren und mit dem kleingebröselten Pumpernickelbrot unter leichtem Köcheln abbinden.

20 Wenn die Soße die gewünschte Bindung erreicht hat, die Rosinen und Mandeln zugeben und mit Preiselbeeren, Salz und Pfeffer abschmecken.

21 Den Sauerbraten in Scheiben schneiden und mit der Soße servieren.

Die Chemie muss stimmen ...
... auch beim Kochen

Leo Gros hält Chemie nicht für ein „schwieriges Fach" und gibt
sich Mühe, davon nicht nur seine Studierenden zu überzeugen.
Er findet, dass auch beim Kochen „die Chemie stimmen muss".
Da kann es dann auch sein, dass ein von Großmutter Katharina
überliefertes Familienrezept für eine Rahmsauce zum Thema einer
Vorlesung wird. Denn Oma Gros kannte Maillard-Reaktionen und
Fettoxidation, ohne es zu wissen: „Beim Erhitzen der Sahne in
der Butter tanzen die Moleküle in der Pfanne und stoßen so heftig
zusammen, dass sie zerbrechen und neue Moleküle bilden. Einige
Komponenten des so entstehenden Duftes kennen alle, die schon
einmal eines schönen Sonntagmorgens an einem Haus vorbeige-
gangen sind, in dem ein Braten zubereitet wurde. Im speziellen
Fall dieser Rahmsauce bilden sich zum einen eine Vielzahl der nach
dem französischen Chemiker Maillard benannten Geruchs- und
Geschmacksstoffe. Zum anderen spaltet die Säure in der Hitze
Fettmoleküle. Durch Oxidation der dabei freiwerdenden langketti-
gen Fettsäuren entstehen auch Vertreter aus der homologen Reihe
der Alkanone. Beides zusammen macht den Karamellgeschmack
und das Röstaroma dieser Sauce aus.
Beim Eindicken zieht der Chemiker Pfeilwurzelmehl normalem
Mehl vor, da es besser dickt als dieses, geschmacksneutral und
sogar glutenfrei ist."
Der Tipp vom Chemiker und Koch mit Leidenschaft, Leo Gros: „Mit
Salz, Pfeffer und Zitronensaft nach Geschmack nachwürzen. Und
danach nicht mehr kochen." Warum? Auch das hat mit Chemie zu
tun. Leo Gross kann es perfekt erklären. Hier fehlt der Platz dafür.

Der gebürtige Eltviller **Professor Dr. Leo Gros** lebt mit seiner Frau
Karin in Johannisberg. Er ist Chemiker und seit 1981 Hochschulleh-
rer an der Hochschule Fresenius in Idstein. (SF)

Schweinelende mit Rahmsauce nach Oma Gros

Zutaten
1 Schweinelende
Schmalz zum Braten
Salz
frisch gemahlener schwarzer Pfeffer

1/2 l süße Sahne
1/2 Zitrone
1/8 l Kalbs- oder Rinderbrühe
etwas Pfeilwurzelmehl

Zubereitung

1 Eine ganze, gut parierte Lende salzen und pfeffern und allseitig gut anbraten.

2 Fleisch im Backofen bei 100° C Niedrigtemperatur garen.

3 1/4 l süße Sahne in das Bratfett geben und kräftig erhitzen, ½ Zitrone auspressen und den Saft zugeben.

4 Nun bei kräftiger Hitze unter ständigem Rühren einkochen lassen, das Wasser dampft heraus, die Sauce wird dicker und wirft Blasen.

5 Dann entstehen helle, zuerst grobe, unter kräftigem Rühren (nicht nachlassen!) kleiner werdende geronnene Krusseln von Eiweiß.

6 Nun muss man gut aufpassen und weiter dauernd mit dem Schneebesen rühren.

7 Wenn die Krusseln ganz klein und dunkelbraun werden (zu hell: weniger geschmacksintensive Sauce, braunschwarz geworden: von vorn anfangen!), rasch mit 1/8 l oder mehr Kalbsbrühe oder Rinderfond ablöschen.

8 Salzen und pfeffern. 1/4 l Sahne zugeben und je nach Konzentration des Fonds einkochen, zum Beispiel auf zwei Drittel.

9 Mit in Sahne angerührtem Pfeilwurzelmehl eindicken.

10 Gegebenenfalls mit wenig Zitronensaft abschmecken, danach nicht mehr kochen!

Forelle trifft Orange
Wie man Nicht-Fisch-Esser zu Fischfans macht

Wer André Thede kennt, der weiß: Dieser Mann ist immer für eine Überraschung gut. Und wer André ein bisschen besser kennt, dem ist bekannt: André ist bekennender Genießer. Wen wundert's, der Mann ist gelernter Koch und hat schon in vielen Häusern Küchenluft geschnuppert. Apropos Häuser, das letzte Haus, das André Thede als Hoteldirektor viele Jahre lang führte, war das Parkhotel in Schlangenbad. Es war sein Haus, denn Thede ist einer, der Häusern Seele einhaucht und Gäste zu (Haus)Freunden macht.

Die goldenen Zeiten des kleinen Grandhotels sind lange vorbei. Doch die Lust der Thedes auf feine Küche und nette Gäste ist geblieben. Heute wohnen André und seine Frau Eve in Geisenheim und genießen den (Un)Ruhestand. Ihr Domizil, das sie angemietet haben, gleicht einem französischen Landhaus. Überall spürt man wohltuend den Sinn für Schönes. Und auch hier ist viel Seele drin. Wer das Glück hat, von André bekocht und von Herzensdame Eve liebevoll betreut zu werden, der hört die Englein singen.

Meistens kocht André eher aus dem Handgelenk. Doch das nachstehende Rezept hat er aufgeschrieben. Weil viele Besucher es unbedingt haben wollten. Es vermählt die im Rheingau allgegenwärtige Wisperforelle mit den erfrischenden Aromen der Südfrucht Orange und sorgt für überraschende Momente am Gaumen. Selbst eingefleischte „Fischverachter" bestätigen, Andrés Forellenklößchen, die in einer pikanten Orangensoße baden, sorgen für Aha-Erlebnisse.

André und Eve Thede sind Wahlrheingauer aus Leidenschaft. Sie sind viel mit den Fahrrädern unterwegs und einem genüsslichen Treffen stets zugetan. „Humor ist die Würze des Lebens", sagt André. Typisch für ihn und mehr als nachvollziehbar, denn André gehört seit vielen Jahren den Schlaraffen an. (LM)

Forellenklößchen in Orangensenfsauce

Zutaten für die Forellenklöße
2 frische Wisperforellen
2 Eier
1/4 l Crème fraîche
Salz, weißer Pfeffer
Abrieb einer unbehandelten Orange
500 g Spargel
1/2 Zitrone, 6 Estragonblätter

Zutaten für die Sauce:
1 dl Fischfond
 2 cl Weißwein (Riesling)
Saft einer Orange
3 dl süße Sahne
1 EL Orangensenf
Salz , schwarzer Pfeffer

Zubereitung

1 Forellenfilets auslösen und das Fleisch ganz fein hacken oder in die Moulinette geben.

2 Anschließend in eine vorgekühlte Schüssel geben, diese auf Eiswürfel stellen, die Eier hinzufügen und die Crème fraîche langsam unterziehen.

3 Die Masse durch ein Sieb streichen, mit Salz und Pfeffer würzen, den Orangenabrieb unterheben, das Ganze kalt stellen.

4 Spargel in Salzwasser (etwas Zitronensaft hinzugeben) knackig kochen; das Spargelwasser aufheben für die Forellenklöße.

5 Den Fischfond zusammen mit dem Wein und dem Orangensaft auf die Hälfte einkochen.

6 Danach die süße Sahne und den Orangensenf hinzugeben.

7 Das Ganze nochmal auf die Hälfte reduzieren, mit Salz und Pfeffer abschmecken und durch ein feines Sieb passieren.

8 Das Spargelwasser zum Sieden bringen.

9 Mit einem Suppenlöffel aus der kalten Forellenmasse 8 Klößchen formen und im schwach kochenden Spargelwasser für ca. 4 Min.. pochieren, auf einem Tuch oder Küchenkrepp abtropfen lassen.

10 Pro Teller 2 Forellenklößchen mit der Orangensenfsauce überziehen und mit dem knackigen Spargel anrichten.

Nur echt mit den magischen Sieben

Johann Wolfgang von Goethe war umtriebig. Auch im Rheingau war er anzutreffen. Im Brentanohaus weilte er als Besucher derer von Brentano. Das Bett und die Kammer, wo er sein müdes und vielleicht weinschweres Haupt zu betten pflegte, sind noch erhalten und können besichtigt werden. Wer das Glück hat, an einer Führung der Baronin von Brentano teilhaben zu dürfen, der kann sich gut vorstellen, wie es damals zuging im Salon des Hauses, im lauschigen Garten und an des Rheines schönem Strand. Jedoch was hier auf den Tisch kam, ist im Einzelnen nicht überliefert. Dass viel Wein mit im Spiel war, kann man sich nur allzu gut vorstellen, denn der gehört im Rheingau einfach immer mit dazu.

Auch Florian Kreller ist Weinfan – und Goethefan wohl auch. Zu Ehren des deutschen Dichterfürsten hat Kreller in der Zeit, als er im Brentanohaus für die Gastronomie verantwortlich zeichnete, ein Gericht auf die Karte gesetzt, das neugierig macht. Das „Goetheschnitzel" ist eine Hommage an Herrn G. und an der Deutschen liebstes Stück Fleisch. Sieben Kräuter packt Kreller in die Panade. Es sind haargenau die, die sich auch in einem von Goethes Leibgerichten wiederfinden: der Grünen Soße. Das Rezept hat Kreller uns verraten.

Beate und Florian Kreller betreiben heute „Die Wirtschaft" in Oestrich-Winkel und verwöhnen ihre Gäste mit kreativer Rheingauer Küche – auf Wunsch auch mit mediterranen Einsprengseln. Im urigen Gastraum und im romantischen Innenhof lässt sich's gemütlich verweilen. Einer der Renner ist das „Woi-Hinkelsche", eine Poulardenbrust in Rieslingsoße auf feinen Bandnudeln mit frischem Gemüse. Das begehrte Huhn gibt's, wie vieles auf der Karte, für den großen und den kleinen Hunger. und wer weiß, vielleicht kommt auch das „Goetheschnitzel" ja mal wieder auf die Karte. (LM)

Goetheschnitzel

Zutaten

4 Schnitzel vom Kalb á 120 g
2 Eier
1 EL Schlagsahne
etwas Mehl
1 Packung „Frankfurter Grüne Soße
100 g Butterschmalz"

2 Tassen Mutschelmehl (aus
Weißbrot ohne Rinde hergestelltes
Paniermehl)
Cayennepfeffer
Pfeffer und Salz
1 Zitrone

Zubereitung

1 Die Eier aufschlagen und mit Salz und Cayennepfeffer würzen.
2 1 EL Schlagsahne dazugeben und kräftig mit dem Schneebesen verrühren.
3 Die „Frankfurter Grüne Soße" zunächst grob und anschließend in der Küchenmaschine fein hacken und mit dem Mutschelmehl mischen.
4 Die Kalbsschnitzel schön dünn plattieren (5 mm), mit Pfeffer aus der Mühle und Salz würzen, in Mehl wenden und durch die Eier ziehen.
5 Anschließend im grünen Mutschelmehl wenden.
6 In einer geräumigen Pfanne das Butterschmalz erhitzen und die Schnitzel von beiden Seiten braten.
7 Mit Zitronenecken und neuen Kartoffeln servieren.

Tolle Beine macht die Kleine

Die Tage der Feldhasen sind gezählt – so hört man aus den Medien. Auch im Rheingau scheint das zuzutreffen. Feld ist im Rheingau gleichbedeutend mit Weinanbaufläche. Auch die Steillagen heißen Feld – jedenfalls in der Sprache der Rheingauer. Die Männer gehen ins Feld, wenn sie in den Weinbergen arbeiten. Sie kommen nach der Arbeit hungrig und staubig heim vom Feld.

Schon als Kind ging auch ich immer gerne ins Feld. Und meistens traf ich sie dort. Ganze Familien von Feldhasen bevölkerten das Rebland. Heute sehe ich kaum noch welche. Die Natur gewährt ihnen zu wenig Unterschlupf, sagt man.

Und so muss auch Christina Schulz auf die Suche gehen, will sie ihre Freunde mit einem ihrer genialen Gerichte verwöhnen: Hasenkeulen. Die letzten, die sie uns kredenzte, kamen aus Argentinien und schmeckten köstlich. Viele an der Zahl schmort sie zur Freude von uns allen.

Ihr Mann Dieter, stets darauf bedacht, Gutes mit Gutem zu kombinieren, hat die Ehre der Nation gerettet, denn zu den weitgereisten Hasenkeulen gab es einen deutschen Roten aus Assmannshausen. Mit dem sind auch die Hasenkeulen in Berührung gekommen, bevor wir sie lustvoll verspeisten. Der Soße, von der es im Hause Schulz immer reichlich gibt, hat das gut getan ... und uns allen auch.

Christina und Dieter Schulz sind als die Apotheker von Oestrich bekannt. Sie führten lange Zeit die Adler-Apotheke, die sie vor einigen Jahren in gute Hände abgegeben haben. Heute nehmen sie sich Zeit, ihre Gäste mit Hasenkeulen, Gänsen und selbstgemachtem Eierlikör zu verwöhnen. Danke, Ihr Lieben! (LM)

Hasenkeulen in Wacholderbeeren

Zutaten
4 gespickte Hasenkeulen
Butterschmalz zum Anbraten
2 Karotten
200 g Knollensellerie
1 große Zwiebel
20 Wacholderbeeren
1 Lorbeerblatt
1/2 TL getrockneten Thymian, fein
gemörsert
1/2 EL Tomatenmark

1 Glas Wildfond
0,75 l Rheingauer Spätburgunder,
trocken
1/2 TL schwarzer Pfeffer frisch aus
der Mühle
2 Knospen Zimtblüten
1/2 EL getrocknete Steinpilze
200 – 300 ml Schlagsahne
Salz

Zubereitung

1 Die Keulen vor der Zubereitung kalt abspülen und trocken tupfen.

2 Unterschenkel im Gelenk abtrennen und zur späteren Verwendung beiseitelegen.

3 Karotten, den Sellerie sowie die Zwiebeln klein schneiden und die Wacholderbeeren mit einer Gabel zerdrücken.

4 Die Keulen von allen Sehnen und vor allem vom Fett befreien, das sich, von außen unsichtbar, in kleinen Nestern zwischen den einzelnen Muskeln befindet.

5 Anschließend salzen und pfeffern.

6 In einem großen Bräter das Butterschmalz heiß werden lassen, die Keulen von Vorder- und Rückseite anbraten, dann mit dem gemörserten Thymian bestreuen.

7 Das kleingeschnittene Gemüse, die Zwiebeln sowie das Lorbeerblatt, die gedrückten Wacholderbeeren und das Tomatenmark zu den Keulen geben und kurz mitschmoren.

Fortsetzung nächste Seite

8 Alles mit ca. 300 – 400 ml Rheingauer Spätburgunder ablöschen und etwas einkochen lassen.

9 Nach 30 Min. die Keulen wenden und noch mal 30 Min. auf der anderen Seite schmoren lassen.

10 Den Wildfond zugeben, den Bräter mit dem Deckel verschließen und auf dem Herd, nicht im Backofen, schmoren.

11 Die Kochzeit beträgt insgesamt ca. 1 1/2 Stunden.

12 Nach 1 Std. evtl. etwas Wein nachfüllen und die Keulen wenden.

13 Nach weiteren 30 Min. die Keulen aus dem Bräter nehmen und im Backofen bei 80° C abgedeckt warm halten.

14 Die Sauce durch ein Sieb abseihen, die Flüssigkeit in den Bräter zurückgeben, aufkochen und evtl. nochmal reduzieren.

15 Nach und nach die gewünschte Menge Sahne zugeben.

16 Die Steinpilze in einem Mörser fein zerstoßen, in eine Mühle geben und in die Sauce mahlen.

17 Alles nochmal erhitzen und abschmecken.

18 Anschließend die Keulen wieder in den Bräter legen, bis die Gäste kommen.

Als Beilage passen Spätzle (evtl. in Nussbutter geschwenkt) und mit Wildpreiselbeeren gefüllte Birnenhälften.

Gemüse ist gesund
Oder: Was ein Vater seiner Tochter mit auf den Weg gibt

Man schiebt es immer vor sich her – viele Wochen und Monate. Doch irgendwann kommt der Tag, und es ist soweit. Eigentlich sollte man ja froh und dankbar sein, denn endlich ist die Zeit gekommen, dass man dem Thema Kinderbetreuung adieu sagen kann. Doch auch wenn man noch so hart gesotten und beruflich wie privat gut unterwegs ist, auch Papis leiden, wenn die Kinder aus dem Haus gehen.

So geschehen in Eltville bei Patricia und Jörg Hashagen. Doch so einfach ziehen lassen wollte Jörg Hashagen seine „kleine" Jojo nicht, die sich in Hamburg an der Uni eingeschrieben hatte. Nicht nur der Herr Papa. auch Frau Mama fürchteten um die Gesundheit des Mägdeleins: Würde das „Kind" auch richtig essen?

Wohl wissend, dass es wahrscheinlich nicht reichen würde, das „Kind" mit allerlei wohlmeinenden Weisungen in Sachen Essen auf den Weg zu schicken, griff Jörg Hashagen kurzerhand zur elektronischen Feder. In Nachtarbeit entstand ein kleines, launig geschriebenes Brevier, das die kulinarische Versorgung von Jojo sicherstellen soll. Alle Rezepte sind kommentiert, damit die Lust aufs Kochen schon beim Lesen kommen möge.

Ein Gemüse-Rezept hat es uns besonders angetan. Wir haben uns für seinen Abdruck entschieden, weil wir wissen: Nicht nur beim Gemüsehändler sind Zucchini preiswert und in guter Qualität erhältlich. Auch im sonnenverwöhnten Rheingau gedeihen die vielseitig verwendbaren gurkenähnlichen Gebilde in rauen Mengen.

Jörg Hashagen ist in Bremen geboren und lebt mit seiner Familie (alles Nordlichter) in Eltville. Er ist Wirtschaftsprüfer und Partner der Wirtschaftsprüfungsgesellschaft KPMG. (LM)

Zucchini-Scheiterhaufen

Zutaten

3 – 4 mittelgroße Zucchini
40 g Zwiebel (Tiefkühlkost)
40 g Knoblauch (Tiefkühlkost)
40 g italienische Kräuter (Tiefkühlkost)
1 TL gekörnte Brühe

1 EL Zitronensaft oder Kräuteressig
2 EL Olivenöl
40 g Parmesan oder fester kräftiger Schnittkäse (Vollfettstufe)
8 – 10 Scheiben Bacon (falls gewünscht)

Zubereitung

1 Zucchini mit Sparschäler der Länge nach in dünne Scheiben schneiden.

2 In eine ofenfeste Form einige Spritzer Olivenöl geben und die Zucchinistreifen einschichten.

3 Auf jede Schicht die gehackten Zwiebeln oder Knoblauch und Kräuter streuen, leicht pfeffern, salzen und einige Spritzer Zitronensaft oder Essig hinzufügen.

4 Eine Prise gekörnte Brühe in jede zweite Schicht einstreuen.

5 Soll das Ganze herzhafter werden, kann man Bacon anbraten (knusprig) und ebenfalls mit einschichten.

6 Wenn alles eingeschichtet ist, mit dem Rest Olivenöl beträufeln und den Käse darüber streuen.

7 Form in den auf 220° C vorgeheizten Backofen schieben und ca. 25 Min. backen.

Die Eingeborenen essen Blut!

Frisch aus Teheran im Rheingau gelandet und mit zwölf Jahren hatte ich keine Ahnung, was „Himmel und Erd" für eine Speise sein sollte, zu der mich meine Freundin eingeladen hatte. Ein fremder Geruch empfing mich gleich im Flur. Es roch süß und deftig zugleich. Meine Freundin führte mich ins Esszimmer der Winzerfamilie. Da wurde auch schon das Essen hereingetragen. Auf den Tellern lagen eine luftige Kartoffelbrei-Wolke, ein Apfelmus-See und ein rotbrauner Erdhügel mit gerösteten Zwiebeln oben drauf. Einfach großartig, Kartoffelbrei und Apfelmus als „Himmel" zu bezeichnen. Aber was war „Erd"? „Gebratene Blutworscht", kam die begeisterte Antwort. Mir stockte der Atem. Ich dachte, nur Vampire würden ...? Nein? Auch Eingeborene? Ob Blut auch eine andere Bedeutung habe, fragte ich. Nein, Blut sei Blut, hieß es und alle ließen es sich schmecken. Ich wollte mich dagegen nur ungern – eigentlich gar nicht – vom Himmel auf die Erde begeben. Doch ich fand es äußerst unhöflich, also gab ich mir einen Ruck. Nachdem ich mir eine Gabel „Erd" in den Mund steckte, erlebte ich eine kriminell köstliche Achterbahnfahrt der Sinne: vom Himmel hoch, zur Erde nieder, Loopings, vorwärts, rückwärts, im Kreis herum. Ich warne hiermit: Dieser deftig, würzig, salzig, leicht metallische Geschmack der Blutwurst, der sich tief in die Geschmacksknospen eingräbt, gepaart mit dem luftig, wolkig schmeckenden Kartoffelbrei zusammen mit den süßsauren Äpfeln machen leider süchtig!

Eine Geschichte, geschrieben von **Leila Emami**, Autorin, Bloggerin und Schreibcoach. Bevor sie nach Deutschland kam, lebte sie mit ihren Eltern im Iran. Ihre Rheingau-Krimis sind besondere Leckerbissen und weit über die Region hinaus bekannt und beliebt. (LM)

Anmerkung der Redaktion: In vielen Regionen werden der Himmel mit den Äpfeln und die Erde mit den „Erdäpfeln" identifiziert; mit Blutwurst wird das Gericht als „Himmel, Erd und Säustall" bezeichnet.

Himmel und Erd

Zutaten
400 g Blutwurst
2 Zwiebeln

Zutaten für den Kartoffelbrei
750 g Kartoffeln
1/4 ml heiße Milch
20 g Butter
Muskat
Salz

Zutaten für das Apfelmus
750 g Äpfel
50 g Zucker
Saft von 1 Zitrone
Zitronenschale
1 Zimtstange

Zubereitung

1 Die Kartoffeln schälen, würfeln, salzen und kochen.
2 Die weichgekochten Kartoffeln stampfen.
3 Die heiße Milch und die Butter mit dem Schneebesen in den Brei rühren mit etwas Muskat abschmecken.
4 Während die Kartoffeln kochen, Äpfel vierteln.
5 Mit Zucker, Zimtstange, Zitronensaft und -schale und wenig Wasser zugedeckt etwa 8 Min. weichdünsten.
6 Zimtstange entfernen und die Äpfel durch die Passiermühle (Flotte Lotte) drehen.

7 Die Zwiebeln in dünne Ringe oder Halbringe schneiden und in heißem Fett in der Pfanne goldgelb anbraten.
8 Zwiebeln herausnehmen und in dem Fett die Blutwurst in dicken Scheiben geschnitten von beiden Seiten etwa 1 Min. anbraten.
9 Kartoffelbrei und Apfelmus auf die Teller verteilen.
10 Daneben die gebratenen Blutwurstscheiben legen und die Zwiebelringe darüber geben.

Ein schöner Rücken kann entzücken

Viel Wild ist in den Rheingauer Wäldern anzutreffen. Besonders
gut gefällt es den wilden Tieren in den Weinbergen, denn die süßen
Trauben schmecken Mensch und Tier gleichermaßen. Die Winzer
sehen vierbeinigen Besuch gar nicht so gern. Doch wie im richtigen
Leben gibt es auch da große Unterschiede. Während Hirsch und Reh
sich lediglich an den Trauben gütlich tun, ist Familie Wildschwein
ein richtig unangenehmer Gast. Wenn eine Rotte durch den Weinberg pflügt, dann bleibt das nicht ohne Folgen. Die zerwühlten
Böden sind nur das kleinste Übel. Viel schlimmer kommt es, wenn
die wilden Kerle die Reben erwischen. Sie geben dann nicht eher
Ruhe, bis sie die Reben mit Stumpf und Stiel herausgerissen haben.
Dann doch lieber Hirsch und Reh. Gerne auch auf dem Teller.

Thomas Dichtl und Peter Ohlig vom Hotel Lindenwirt in Rüdesheim
sind schneidige Jäger. Das Wild auf ihrer Speisekarte kommt aus
eigener Jagd. Neben der äußerst beliebten Wildbratwurst wird der
rosa gebratene Hirschrücken gerne gegessen. Das Fleisch ist zart
und saftig und wird von einer Soße gekrönt, die Saft und Kraft dieser wildlebenden Tiere erahnen lässt. Dazu wird Steckrübengemüse
serviert, eine fast schon in Vergessenheit geratene Köstlichkeit.
Küchenchef Daniel Nöller hat sie für seine Gäste wiederentdeckt.
Als weitere Beilage gibt's Spätzle mit besonderem Pfiff. Weil Nuss
und Wild sich gut vermählen lassen, mischt Nöller geriebene Walnüsse in den Spätzle-Teig.

Mit **Thomas Dichtl und seiner Frau Franziska** ist jetzt die nächste
Generation im Hotel Lindenwirt am Ruder. Schwiegervater Peter
Ohlig und Tante Marlene Breuer stehen mit Rat und Tat zur Seite.
In der Küche schwingt Eurotoque-Chef Daniel Nöller den Kochlöf-
fel. (LM)

Hirschrücken
mit Steckrübengemüse und Walnuss-Spätzle

Zutaten
800 g Hirschrücken
3 Wacholderbeeren
1 Knoblauchzehe
Rosmarin

Zutaten für die Walnussspätzle
500 g Mehl
6 Eier
80 g geriebene Walnüsse
ca. 90 ml Wasser

Zutaten für das Steckrübengemüse
300 g Steckrübe
100 g Staudensellerie
80 g Kohlrabi
80 g Navette
Butter
Mehl
1 Schalotte
Riesling, halbtrocken
Sahne
Muskatnuss

Zutaten für das Hirschjus
2 kg kleingehackte Hirschknochen
5 mittelgroße Zwiebeln
500 g Sellerie
300 g Karotten
2 l Rotwein
Tomatenmark
Wacholderbeeren
Lorbeer
Pfefferkörner
Piment
Nelke
50 g Dörrfleisch gewürfelt
1 EL Preiselbeeren
80 g Kuvertüre min. 65% Kakao-
anteil

Zubereitung nächste Seite

Zubereitung

Hirschjus

1 Für das Hirschjus die Knochen in einem Topf anrösten.
2 Wenn sie schön braun sind, das Gemüse dazugeben und weiterbraten, bis auch das Gemüse schön Farbe hat.
3 Dann 2 Löffel Tomatenmark dazugeben, durchrühren und anrösten.
4 Jetzt fast schluckweise mit Rotwein ablöschen und dabei immer rühren, bis er fast verdampft ist.
5 Alle Gewürze dazugeben.
6 Den Vorgang wiederholen, bis die 2 l Rotwein weg sind.
7 Den Ansatz mit 2 l Brühe ablöschen. Dann 4 Stunden bei kleiner Hitze köcheln lassen, bis mindestens die Hälfte verkocht ist.
8 In einem neuen Topf den Speck auslassen, darauf die Soße durch ein Haarsieb passieren und nochmal reduzieren.
9 Dann die Preiselbeeren und die Kuvertüre hinzufügen, wenn nötig, etwas nachsalzen.

Walnussspätzle

1 Für die Walnussspätzle das Mehl mit dem Vollei und dem Wasser aufschlagen, dann die Walnüsse dazu geben.
2 Der Teig hat die richtige Konsistenz, wenn er Blasen wirft.
3 Die Spätzle mit dem Spätzlehobel oder mit der Spätzlepresse in kochendes Salzwasser schaben.
4 Sobald sie an die Oberfläche kommen, holt man sie mit einer Schaumkelle heraus und schreckt sie in kaltem Wasser ab.
5 Vor dem Servieren in Butter anbraten, ggf. mit Salz und Pfeffer abschmecken.

Steckrübengemüse

1 Das Steckrübengemüse in 1,5 x 1,5 cm große Würfel schneiden, dann Sorte für Sorte in kochendem Salzwasser blanchieren und in Eiswasser abschrecken.

2 300 ml von dem Blanchierwasser aufheben.

3 Die Schalotte fein würfeln, in der Butter anschwitzen, mit Mehl bestäuben und mit einem schönen Schluck Riesling ablöschen.

4 Mit dem Blanchierwasser und Sahne auffüllen.

5 Aufkochen lassen und mit dem Schneebesen immer wieder rühren, damit die Mehlschwitze nicht anbrennt.

6 Mit etwas Salz, Pfeffer und Muskatnuss abschmecken.

7 Kurz vor dem Servieren das Gemüse in die heiße Soße geben und warm ziehen lassen.

Hirschrücken

1 Den Hirschrücken in 4 gleich große Medaillons schneiden.

2 In einer heißen Pfanne scharf anbraten.

3 Die Wacholderbeeren andrücken, ebenso die Knoblauchzehe.

4 Zusammen mit dem Rosmarin in die Pfanne zu den Medaillons geben.

5 Für 15 Min. bei 125° C Umluft in den Backofen geben.

Kochen wie die Feuerwehr

Sigrid Magnus wurde im Allgäu geboren. Nach Rüdesheim kam sie der Liebe wegen, und hier hat sie ihre neue Heimat gefunden. In ihrem Küchenalltag am Rhein musste es oft ganz schnell gehen. Der Grund: Sigrid ist mit einem Feuerwehrmann verheiratet. Winfried Magnus war bis zu seiner Pensionierung Chef der Freiwilligen Feuerwehr und Stadtbrandinspektor von Rüdesheim. Da blieb häufig wenig Zeit fürs Familienleben ... und für große Küche. Kam Winfried mal wieder hungrig nach Hause, galt es, schnell etwas Schmackhaftes auf den Tisch zu bringen. Etwas, das ihm auf Anhieb schmeckte und den Happyness-Faktor nach oben schnellen ließ.

Zu Hause im Allgäu, da hatte sie viel Zeit in der Küche verbracht: Wenn ein Süpple auf dem Ofen seiner Vollendung entgegen brodelte oder Küchle ausgezogen und gebacken wurden. In Rüdesheim schien die Küchenuhr einfach schneller zu ticken. Doch Sigrid wusste sich zu helfen. Die Rettung: Käsespätzle.

Nudeln machen glücklich – Spätzle machen selig. Getreu diesem Leitspruch und eingedenk der Eile, die das Leben der Feuerwehrmänner bestimmt, ging Sigrid ans Werk. Bei der Zubereitung der Käsespätzle, die sie schon zu Hause im Allgäu immer gerne gekocht und gegessen hatte, entrang sich so mancher Seufzer ihrer Brust. Die sind im Nullkommanix fertig und geben nicht nur (Feuerwehr-)Männern neue Kraft. Den Durst löschen kann man mit Wasser oder Bier. Aber eingefleischten Rheingauern schmeckt dazu auch ihr Universalgetränk – ein Riesling. Der erfrischt den Gaumen und kommt gut mit Fett zurecht ... denn was wären Käsespätzle ohne abgebräunte Zwiebel?

Sigrid und Winfried Magnus leben in Rüdesheim und sind ein Beispiel dafür, dass Allgäuer Behäbigkeit und Rheingauer Temperament perfekt zusammenpassen. Seit 2002 sind sie ein Ehepaar. (LM)

Käsespätzle

Zutaten
500 g Mehl
6 – 8 Eier
etwas Wasser
Salz
200 g Hartkäse
60 g Butterschmalz
1 Zwiebel

Zubereitung

1 Zwiebel in Scheiben schneiden, anbraten und warm stellen.

2 Aus Mehl, Eiern und etwas Wasser mit Salz wird ein sämiger, zähflüssiger Teig angerührt und mit dem Spätzlehobel oder mit der Spätzlepresse in sprudelndes Salzwasser gegeben.

3 Beim ersten Aufwallen sind die Spätzle gegart und werden mit dem Schaumlöffel entnommen.

4 Dann werden sie in mehreren Lagen in eine vorgewärmte Schüssel gegeben, wobei man zwischen die einzelnen Lagen reichlich den geriebenen Käse streut.

5 Vor dem Servieren gießt man abgebräunte Zwiebeln darüber.

... wenn die Frau aus dem Haus ist

Der Erste Stadtrat von Oestrich-Winkel liebt gebratene Rinderleber mit Zwiebeln und Äpfeln. Auch seine drei Kinder mögen das uralte Traditionsgericht. Nur Ehefrau Sabine kann Leber nicht ausstehen, schon die Konsistenz des Fleisches und auch der Geruch beim Braten bereiten ihr Unbehagen. Deshalb nutzt Stadtrat Fladung die Abwesenheit seiner Frau, wenn sie mal wieder beruflich länger unterwegs ist oder mit ihren Freundinnen etwas unternimmt, um sich eine Leber in die Pfanne zu hauen.

Beim heimischen Metzger holt er sich dann mit Vorfreude frische Rinderleber und weil er ja weiß, dass seine Kinder von diesem Geruch magisch angezogen werden, nimmt er immer ein bisschen mehr mit. Zu Hause empfangen ihn dann schon Dackel Frodo und Kameradin Julchen mit großer Freude und Schwanzwedeln, wissen die Hunde doch auch mit ihrem feinen Geruchssinn, was heute für ein Festschmaus im Hause Fladung ansteht. Voller Wonne macht Werner Fladung die Pfanne heiß und schneidet mit Bedacht ein gutes Pfund Zwiebeln und mehrere Äpfel in Ringe. So oft hat er die Küche in seinem Heim nicht für sich alleine zur Verfügung und so genießt er die Zubereitung seiner Leber doppelt.

Nach und nach finden sich dann meist noch einige Hausbewohner mit ein und so wird die Leber dann meist in lustiger Runde gerne mit einem knackigen Feldsalat und knusprigem Baguette, doch stets ohne Hausfrau Sabine, verzehrt.

Werner Fladung lebt mit seiner Familie in Winkel, ist Sozialdemokrat und seit 2013 hauptamtlicher 1. Stadtrat von Oestrich-Winkel. (SF)

Rinderleber
mit Zwiebeln und Äpfeln

Zutaten
1 kg Rinderleber frisch vom Metzger
500 g Zwiebeln
250 g Äpfel (die Sorten Boskop, Jonagold
oder Elstar eigenen sich besonders gut)
Salz
Pfeffer
Butter oder Schmalz zum Braten

Zubereitung

1 Leber gut unter kaltem, fließenden Wasser waschen und mit Küchentüchern trocken tupfen.
2 In Mehl wenden und in Butter oder Schmalz kurz scharf anbraten, dann Temperatur runternehmen.
3 Die in dicke Ringe geschnittenen Zwiebeln dazu geben und glasig dünsten.
4 Zuletzt die ebenfalls in Ringe geschnittenen Äpfel dazu geben.
5 Wichtig ist es, erst nach dem Braten zu salzen, damit die Leber nicht trocken wird.

Dazu schmeckt Feldsalat mit Speck und Baguette und ein halbtrockener Riesling.

Geadelte Reste

Nichts ist so hartnäckig wie Vorurteile. Das trifft auch auf die Vorstellung von den Gewohnheiten des Hochadels bei Tisch zu. Einfach unglaublich, wie da getafelt wird. Bei Hofe, bei den Fürsten und Grafen da fliegen die gebratenen Tauben durch die Lüfte, da serviert man vom Spargel nur die Köpfchen ... Die Fantasie derer, die solche Zusammenkünfte nur aus den Illustrierten kennen, treibt sonderbare Blüten. Doch es gab und gibt zweifelsohne Anlässe, da wurde und wird mit allem PüPaPo getafelt. Dr. med. Franz Anselm Graf von Ingelheim hütet in seinem reichen Familienschatz auch eine Menüfolge seiner Großeltern aus dem Jahre 1910. Am 28. November ließ man sich auf Schloss Ingelheim neun! Gänge schmecken. Darunter neben Spessartforellen auch Reh, Gänseleber und „Spargeln." Ob es von Letzteren die ganzen Stangen oder nur die Köpfchen waren, ist nicht überliefert. Dass das königliche Gemüse jedoch eine Besonderheit darstellte, kann man unschwer an der Jahreszeit, in der es kredenzt wurde, erkennen. Es war November... Franz Anselm Graf von Ingelheim erinnert sich gerne an ein Gericht, das seine Mutter, die Gräfin Herta, für die Familie zubereitete. Getreu dem Motto „Die Reste sind das Beste" wurden Fleisch- oder Wurstreste mit Nudeln, Sauerkraut und Bratensoße vermählt. Das Ergebnis war ein köstlicher Auflauf. Noch heute wandert bei denen von Ingelheim nichts in die Tonne, was noch genießbar ist. „Das haben wir von unserer Mutter übernommen – wie auch das Rezept für ihren genialen Nudelauflauf", sagt Graf Ingelheim und ergänzt: „Beim Wein – vorzugsweise Rheingauer Riesling – achte ich darauf, dass keine Neigen übrig bleiben. Und wenn, dann wird Weinschaumsoße daraus gemacht."

Dr. med. Franz Anselm Graf von Ingelheim ist Facharzt für Allgemeinmedizin und Naturheilverfahren. Er lebt und praktiziert in Geisenheim. (LM)

Nudelauflauf nach Gräfin Herta

Zutaten
Spätzle oder gabelfreudige Nudeln
pflaumig gekochtes (gut durchge-
kochtes) Sauerkraut
braune Soße
Reste von Gulasch, Braten, Kassler,
oder auch Fleischwurst oder Cock-
tailwürstchen
Emmentaler Streukäse

Zubereitung

1 Eine Auflaufform einfetten,
mit fertig gekochten Nudeln
oder Spätzle mehrfach schicht-
weise mit pflaumig gekochtem
Sauerkraut, Fleisch/Wurst und
brauner Soße füllen, zuletzt mit
Emmentaler Käse bestreuen.
2 Im Backofen bei ca. 160° C
für ca. 20 Min. überbacken.

Aus Omas Rezeptbuch

Im Weingut von Werner Gerhard in Hattenheim gibt es in der Küche ein großes Geheimnis: ein kleines, schwarzes Buch wird hier gehütet wie ein Schatz. „Meine Oma stammt aus Böhmen und war eine leidenschaftliche Köchin. Ihre Rezepte hat sie alle in diesem kleinen Buch gesammelt und das Büchlein hat es bis in den Rheingau geschafft", erzählt Michaela Gerhard, die Tochter des Hauses, die nach ihrem Amt als Hattenheimer Weinkönigin und Rheingauer Weinprinzessin und einem erfolgreichen Studium der Önologie in der Hochschule Geisenheim rege im heimischen Weingut mitmischt. Dass die Weine in dem renommierten Hattenheimer Weingut vom Feinsten sind, ist Ehrensache. Aber auch beim Schlemmen setzt man in der Familie Gerhard ganz hohe Maßstäbe an und das wissen die Gäste der Straußwirtschaft in dem Hattenheimer Weingut sehr zu schätzen. So kommt zum Beispiel Handkäs-Bratwurst auf den Tisch, die der Onkel, ein begeisterter Metzger, selbst kreiert hat und die zum Rheingauer Riesling köstlich schmeckt. Und auch viele Rezepte aus dem Büchlein der böhmischen Oma haben in der Rheingauer Gutsküche Einzug gehalten. Wie die legendären Semmelknödel, die seit ihrer Kindheit Michaelas Favoriten sind. „Die zergehen auf der Zunge und dazu gibt es meistens handgemachte Rouladen. Für mich wurde statt der üblichen Rouladenfüllung immer ein extra großes Würstchen in das Fleisch eingerollt, da ich das Rouladenfleisch selbst nie so gerne gegessen habe. Meine Eltern haben mir dann das Würstchen ‚geschält', damit ich auch was hatte", so Michaela Gerhard.

Familie Gerhard betreibt in Hattenheim ein Familienweingut in der Bergstraße und lädt hier während der Schlemmerwochen im Frühjahr zur Straußwirtschaft. (SF)

Semmelknödel

Zutaten
200 g Mehl
1 großes Ei
1 TL Salz
1/2 TL Backpulver
1 Semmel
Milch

Zubereitung

1 Mehl, Ei, Salz und Backpulver mit Milch verkneten, bis ein nicht zu flüssiger Brei entsteht.

2 Die Semmel in kleine Würfel schneiden und dazugeben, eventuell noch etwas Milch zufügen.

3 Den Teig etwa 10 Min. ruhen lassen.

4 Knödel mittlerer Größe formen und in reichlich kochendes Salzwasser geben.

5 Rund 20 Min. ziehen lassen, bis die Knödel an der Oberfläche schwimmen.

6 Vorsichtig mit einem Löffel herausnehmen und heiß zu Fleischgerichten servieren.

Ein Rouladenrezept finden Sie auf den nächsten beiden Seiten.

Sonntagsessen beim Rathauschef

Der Geisenheimer Bürgermeister Frank Kilian mag es gerne gutbür-
gerlich. Wie schon seit Jahrhunderten in den Rheingauer Familien
üblich, wird das Sonntagsessen zelebriert – wenn es die Zeit zu-
lässt. Das Fleisch für seine Rindsrouladen bereitet der Rathauschef
bereits samstagnachmittags vor und lässt es über Nacht in der Soße
ziehen. „Ich wasche die Rouladen, tupfe sie ab und klopfe sie mit
einem Fleischklopfer breit. Anschließend bestreiche ich sie mit Salz,
Pfeffer und Senf. Die Gewürzgurken und eine Zwiebel schneide ich
in Streifen und gebe das Ganze als Füllung auf das Fleisch, bevor
ich es rolle und fixiere. Die gerollten Rouladen bestreue ich mit
edelsüßem Paprika und brate sie scharf in Butter an", erklärt Kilian
sein Rouladen-Rezept. Nach dem Anbraten der weiteren Zwiebeln
mit den klein geschnittenen Karotten wird das Ganze mit Wasser
aufgefüllt. An den Sud gibt Frank Kilian zur Würze ein Lorbeerblatt,
Salz, Pfeffer und eine Prise Majoran. Dann dürfen die Rouladen
aufkochen und bei kleiner Flamme eineinhalb bis zwei Stunden
köcheln. Kurz vor dem Servieren schmeckt Frank Kilian mit frisch
gemahlenem Pfeffer und einigen Spritzern Zitrone ab.
Sonntags braucht der Bürgermeister das Fleisch in der Soße dann
nur noch erhitzen und kann sich in aller Ruhe um die Beilagen
kümmern. Denn hier sind im Hause Kilian die Wünsche sehr
vielfältig: So kocht Frank Kilian nicht nur Salzkartoffeln und
bereitet eine Portion Kartoffelbrei zu, er macht auch Semmel- und
Kartoffelknödel. Als Gemüse werden zu den Rouladen in der Regel
Wirsing, Rotkraut und Karotten gereicht. „So haben wir einen reich
gedeckten Tisch und falls etwas übrig bleibt, ist es problemlos am
nächsten Tag aufzuwärmen", verrät der Bürgermeister.

Frank Kilian ist parteilos und seit 2010 Bürgermeister der Linden-
stadt Geisenheim. (SF)

Bürgermeister-Rouladen

Zutaten für 6 Personen
6 Rouladen vom Rind
3 große Zwiebeln
10 große Gewürzgurken aus dem
Glas
4 Karotten
Senf
Paprikapulver, edelsüß

Salz und Pfeffer
Lorbeerblatt
Wasser
Majoran
Butter

Zubereitung

Die Zubereitung erläutert der
Bürgermeister persönlich im
Text links.

Ein Semmelknödelrezept finden
Sie auf den vorangegangenen
Seiten.

Ein Frosch macht Freudensprünge

Kartoffeln, Fett, Speck, Zwiebeln … das hatte man selbst in schlechten Zeiten meistens im Hause. Und daraus lässt sich, verfeinert mit einem Becher Sahne, ein leckeres Gericht zubereiten. Früher aß man „saure Grumpere" als Hauptgericht, denn dieser Kartoffel-Eintopf schmeckt nicht nur köstlich, er sättigt auch oder, wie man im Rheingau sagt, „er stoppt alle Löcher".

In Erich Froschs Familie haben die „saure Grumpere" einen festen Platz auf der Speisekarte. Gemeint ist hier wohlgemerkt nicht die Menükarte, die den Gästen im Rüdesheimer Restaurant „Krone", das die Froschs betreiben, kredenzt wird. Nein, die „saure Grumpere" sind eher so etwas wie eine Familienangelegenheit. Für die Rüdesheimer ist ihre „Krone" – nicht zu verwechseln mit der „Krone" in Assmannshausen – ein Refugium guter Gastlichkeit. Das familiengeführte Lokal ist Anlaufpunkt, will man gut und zu reellen Preisen speisen. Die „saure Grumpere" gönnen sich die Froschs nur privatissime. Es gibt sie vornehmlich außerhalb der Saison, wenn man Muse hat, dieses deftige Gericht zuzubereiten. Wenn in Rüdesheim – wie man so schön sagt – der Hund begraben ist, wenn die Touristenströme versiegen und die kleine Stadt den Atem anhält, dann kommt die große Stunde der „saure Grumpere". Vielleicht sollten die Froschs mal überlegen, ob sie diese einfache und doch so schmackhafte Delikatesse nicht auch mit ihren Gästen teilen möchten. Denn wisse: Vor und nach dem Weingenuss sind „saure Grumpere" äußerst empfehlenswert. Sie sind eine perfekte Grundlage und helfen auch, wenn man mal zu tief ins Glas geschaut haben sollte. Dazu trinkt man übrigens Bier statt Wein – dann „schluppt" alles noch viel besser.

Erich Frosch hat uns sein Lieblingsrezept verraten; er wohnt, lebt und wirkt mit seiner Familie im Restaurant „Krone" in Rüdesheim. (LM)

Saure Grumpere

Zutaten

10 mittelgroße Kartoffeln (festkochend)
2 EL Fett
1 mittelgroße Zwiebel
100 g gewürfeltes Dörrfleisch
2 – 3 EL Mehl
500 ml Wasser

2 TL gekörnte Brühe
200 g flüssige Sahne
1 – 2 Lorbeerblätter
Weinessig
1 Glas Essiggurken
Salz, Pfeffer

Zubereitung

1 Am Vortag die Kartoffeln waschen und in der Schale weich
kochen.
2 Die gekochten Kartoffeln
pellen und in Scheiben schneiden.
3 Das Fett erhitzen, die
gewürfelte Zwiebel und das
Dörrfleisch anbraten, mit Mehl
bestäuben und anschwitzen
lassen.
4 Mit 500 ml Wasser aufgießen, gekörnte Brühe, Sahne,
und Lorbeerblätter zugeben.
5 Die Sauce mit Essig, 2 EL
Flüssigkeit von den Essig-

gurken sowie Salz und Pfeffer
abschmecken.
6 Das Ganze zum Kochen bringen und etwa 10 Min. köcheln
lassen, bis die Sauce sämig ist
und das Aroma der Gewürze
angenommen hat.
7 Zuletzt die Kartoffelscheiben einlegen und in der Sauce
erwärmen.
8 Dazu die Essiggurken reichen.

Als Fleischbeilage passen Frikadellen gut dazu.

Import aus Schwaben

Er ist Herr über ein riesiges Rebenmeer, liebt Riesling und Trollinger und die Küche seiner Heimat. Dieter Greiner von den Hessischen Staatsweingütern lebt nun schon viele Jahre mit seiner Familie im Rheingau. Zuhause bei den Greiners wird zünftig gekocht. Für Schnickschnack fehlt die Zeit. Doch wenn die Sehnsucht die Greiners packt, dann kommt die Küche ihrer Heimat auf den Tisch. Die Greiners sind Schwaben. Da müssen Spätzle, Bubespitzle und Maultäschle ab und zu einfach mal sein. Für die legendären Wurstknöpfle hütet man im Hause Greiner ein altes Familien-Rezept, das Nicht-Schwaben schon beim Überfliegen stutzen lässt. Daher ist es gut zu wissen, dass sich im Schwabeländle einiges anders verhält als bei uns im Rheingau.

Wer denkt, Knöpfle seien zum Verschließen eines Kleidungsstücks da, der irrt. Knöpfle sind zum Essen da. Sie werden aus einer wurstigen Masse mit zwei Esslöffeln in Nockenform herausgehoben. Aber es kommt noch viel spannender, wenn es um den Verzehr der Knöpfle geht. Nein, Sie haben sich nicht verlesen. Die Wurstknöpfle werden in der Brühe gegart und im Suppenteller oder in der Suppentasse serviert. Soweit – so gut. Es handelt sich also um eine Suppe mit deftiger Einlage. Können Sie sich vorstellen, dass dazu Kartoffelsalat gereicht wird? Ohne den geht bei den Schwaben gar nichts. Auch bei den Greiners nicht. Unser Tipp: Wer sich so gar nicht mit der Knöpfle-Supp-und-Salat-Kombo anfreunden kann, der sollte die wirklich absolut leckeren Knöpfle einfach mit Bratensoße und Filderkraut servieren. Filderkraut? Gibt's auch bei uns im Rheingau und ist hier als Spitzkohl erhältlich.

Dieter Greiner ist Chef der Hessischen Staatsweingüter mit Sitz in Kloster Eberbach. Er verantwortet auch die Domäne der Staatsweingüter an der Hessischen Bergstraße. (LM)

Wunderbare Wurstknöpfle

Zutaten

350 g geräucherte Schinkenwurst oder Fleischwurst
1 Zwiebel
2 Sträußchen Petersilie
100 g Butter oder Margarine
4 altbackene Brötchen (ohne Körner und Saaten)
250 ml heiße Milch

250 g Mehl
4 große Eier
Pfeffer und Salz
Muskat
1 Prise Zucker (Wisse: die gehört bei den Schwaben fast immer mit in herzhafte Gerichte!)

Zubereitung

1 Wurst häuten und in feinste Würfel schneiden.
2 Zwiebel und Petersilie fein hacken.
3 In Fett sanft andünsten, dann mit Salz, Pfeffer und Zucker würzen; die gewürfelte Wurst dazu geben und mitdämpfen.
4 Die Brötchen in kleine Würfel schneiden und mit der heißen Milch übergießen.
5 Gut vermischen und durchrühren, dann die Masse ziehen lassen.

6 Nach einigen Minuten die Wurstmasse, die aufgeschlagenen Eier und das Mehl hinzugeben.
7 Gut durchkneten. Nach Geschmack würzen und mit zwei Esslöffeln Nocken abstechen.
8 Die Nocken in einer heißen, kräftigen Fleisch- oder Gemüsebrühe 10 Min. gar ziehen lassen.
9 In der Brühe, begleitet von einem schwäbischen Kartoffelsalat, servieren.

ZWISCHEN-DRIN

Die perfekten Weinbegleiter

Ein grüner Genosse

Basilikum ist eine wärmebedürftige Pflanze und braucht mindestens eine Temperatur von 12° C, um zu wachsen. Aber wenn es schön warm ist, läuft die Pflanze zur Hochform auf. Wo das Basilikum seine wahre Heimat hat, das weiß keiner so ganz genau. Im Rheingau ist es jedoch schnell heimisch geworden. Und hier passt es auch ganz gut hin, denn der Rheingau gehört zu den wärmsten Regionen Deutschlands. Touristen schwärmen von der mediterranen, lebensfrohen Atmosphäre – fast wie in Bella Italia, womit wir schon wieder beim Basilikum angekommen wären. Tomaten, Mozzarella und obendrauf glänzende Basilikum-Blätter – auch im Rheingau wird diese typisch italienische Vorspeise serviert. Dabei lassen sich doch mit dem genialen Kraut noch viele andere Köstlichkeiten zaubern. Zum Beispiel der Basilikum-Käse, mit dem Benedikta Kohl ihren Mann regelmäßig im Sommer verwöhnt. Wenn Manfred Kohl, Bürgermeister von Walluf, abends müde nach Hause kommt, dann stopft er sich ein Pfeifchen und schenkt sich einen kühlen Riesling ein. So fängt der Abend gut an und trübe Gedanken verfliegen im Nu. Manchmal bleiben die zwei Kohls dann einfach sitzen und die Küche, die bleibt kalt. Wie gut, dass Benedikta Vorsorge getroffen und ihren legendären Basilikum-Käse, den auch die Freunde der beiden so schätzen, vorbereitet hat. Dazu ein knuspriges Ciabatta und man fühlt sich wie im Urlaub in Italien. Übrigens: Basilikum ist ein echtes Wunderkraut. Man sagt ihm stimmungsaufhellende Wirkung nach, und es soll neben trüben Gedanken auch Fliegen vertreiben.

Manfred Kohl ist Bürgermeister von Walluf. Mit seiner Frau Benedikta und dem großen Freundeskreis geht er gerne auf Wanderschaft. Immer mit dabei: Ein Fläschchen gekühlter Riesling, sein Pfeifchen und manchmal auch ein Schälchen Basilikum-Käse zum Dippen. (LM)

Basilikum-Käse

Zutaten für 6 Personen
2 Bund frisches Basilikum
75 g Pinienkerne
200 g milder Schafskäse
150 g weiche Butter
25 g frisch geriebener Parmesan
125 ml Schlagsahne

Zubereitung

1 Das Basilikum abspülen.

2 Einen kleinen Zweig zum Verzieren zurücklegen, die restlichen Blätter von den Stielen zupfen und grob hacken.

3 50 g Pinienkerne unter Rühren in einer Pfanne ohne Fett goldgelb rösten.

4 Die restlichen Pinienkerne mahlen.

5 Den Schafskäse durch ein Sieb streichen und mit der Butter, dem Parmesan und der Sahne zu einer cremigen Masse verrühren.

6 Das gehackte Basilikum und die gemahlenen Pinienkerne untermischen.

7 Eine Form aus Metall oder Porzellan (Fassungsvermögen ca. 0,5 l) mit kaltem Wasser ausspülen, die Käsecreme hineingeben und glattstreichen.

8 3 – 4 Stunden in den Kühlschrank stellen und dann auf eine Platte stürzen.

9 Mit den gerösteten Pinienkernen bestreuen und mit dem Basilikumzweig verzieren.

Die Spundekäs'-Königin

Spundekäs' ist die regionale Rheingauer Spezialität schlechthin: in keiner Straußwirtschaft, keinem Gutsausschank und keinem Winzerhaushalt, der etwas auf sich hält, fehlt diese Frischkäse-Variante, über deren ursprüngliche Herkunft sich die beiden Weinanbau-Gebiete Rheinland-Pfalz und Rheingau nie ganz einig sind. Sicher ist, dass der Name von der Form des Käses in früheren Jahren stammt: damals wurde der Käse noch aus der eigenen Milch in den landwirtschaftlichen Betrieben hergestellt und dann für das Servieren auf dem Tisch mit länglichen Gläsern abgestochen, so dass er aussah wie ein Spund, also der Verschluss eines Holzfasses. Bis heute werden die Familienrezepte des Spundekäs' gehütet. Dass der Spundekäs' im Rheingau so vielfältig daher kommt und von Weingut zu Weingut doch immer wieder ein bisschen anders schmeckt, hat vor einigen Jahren zu einer besonderen Veranstaltung geführt: einmal im Jahr lädt die Rheingauer Weinbühne in der Brentanoscheune zu einem Spundekäs-Contest ein. Zusammen mit dem Rheingauer Künstler Michael Apitz hatten der SWR-Redakteur Wolfgang Junglas und der Rheingauer Internet-Spezialist Frank Förster die Idee, in Anlehnung an die großen Fernsehcastingshows den „RSDS – Rheingau sucht den Superspundekäs'" ins Leben zu rufen. Seitdem stellen sich jedes Jahr Mitte April zahlreiche Rheingauer dem Wettbewerb mit unglaublich kreativen Variationen der Käsespezialität. 2015 wurde die Winzersfrau und Wirtin Bruni Jung Spundekäs'-Königin. Ihr Rezept ist seit über 30 Jahren im Weingut Jakob Jung in Erbach im Einsatz.

Die aus Erbach stammende Winzersfrau **Bruni Jung** betreibt in Eltville die Gastwirtschaft „Die Börse", ist aber auch immer noch helfende Hand, wenn ihr Sohn Alexander im Familienweingut seine Straußwirtschaft öffnet. (SF)

Rheingauer Spundekäs'

Zutaten (für 6 Personen)
600 g Philadelphia
die Hälfte einer kleinen Zwiebel
2 TL Kräuter-Creme-Fraîche
1 Bund Schnittlauch
reichlich Paprika edelsüß
Pfeffer
Wenn gewünscht, etwas süße Sahne
zum Rühren

Zubereitung

Alle Zutaten in eine Schüssel geben und sehr lange (6 bis 8 Min.) mit einem Mixer verrühren, und schon ist der Spundekäs' fertig.
Ganz wichtig: kein Salz!
Das Salz entzieht dem Käse Wasser und dieser wird dann bröselig.

Der Kräutermann

Rudolf Liess ist ein österreichischer Rheingauer. Geboren und aufgewachsen in felix Austria fühlt sich Liess heute im Rheingau zu Hause. Hier kennt er sich bestens aus, weiß, wo Spitzwegerich und Mauerpfeffer, Taubnessel und Rainfarn zu finden sind. Seine Leidenschaft für die Kräutlein, die am Wegesrand wachsen und wahre Wunder vollbringen können, ist mittlerweile vielen Eingeborenen bekannt. Sie wandern mit Rudolf Liess auf den Spuren der Kräuter – und sie kochen auch gemeinsam mit dem Kräutermann, der gelernter Koch ist. Nicht genug damit. Liess ist auch Pilzkenner und kann Steinpilze riechen, ehe selbst das geschulteste Auge sie auf dem Waldboden entdeckt. Und dann sind da noch die Käseseminare, in denen der belesene Liess sein Wissen an Käsefans weitergibt. Richtig stolz ist Rudi Liess auf eine neue Attraktion in seiner Rheingauer Heimatstadt. Acht Kilometer führt der Assmannshäuser Kräuterwanderweg durch die Weinbergslagen Frankenthal und Höllenberg und ist mit zahlreichen Info-Tafeln zum Thema Wildkräuter bestückt. In regelmäßigen Abständen werden von den Kollegen aus der Gastronomie, die das Projekt unterstützen und sich dem „Netzwerk Kräuterwind" angeschlossen haben, kulinarische Wanderungen angeboten. Auf den Spuren von wilder Rauke, bei uns als Rucola bekannt, Fenchel und Schildampfer geht es durch artenreiche Landschaften mit paradiesischen Ausblicken. Über 20 Wildkräuter gilt es zu entdecken. Zurück in Assmannshausen kann man es sich bei den „Kräuterwind-Wirten" schmecken lassen. Auch zu Hause erinnert knuspriges Kräutergebäck à la Liess an einen schönen Tag in der kleinen Weinstadt Assmannshausen, wo große Weine, zum Beispiel der weltberühmte Assmannshäuser Spätburgunder wachsen.

Rudolf Liess lebt in Assmannshausen und ist Kräuterexperte und gelernter Koch. (LM)

Käse-Kräuter-Gebäck zum Wein

Zutaten
250 g Weizenvollkornmehl
3 gestrichene TL Backpulver
1 TL Salz
2 EL frische gemischte Kräuter
60 g Butter

60 g geriebener Käse
150 ml Buttermilch.
Zum Bestreuen: Paprikapulver,
Kümmel, Sesam

Zubereitung

1 Aus den angegebenen Zutaten einen Teig herstellen.
2 Den Teig im Kühlschrank eine halbe Stunde ruhen lassen.
3 Dann den Teig etwa 1 cm dick ausrollen und runde Formen ausstechen.
4 Die Formen auf ein Blech legen und mit Buttermilch bepinseln.
5 Nach Belieben mit Paprikapulver, Kümmel oder Sesam und Käse bestreuen.
6 Im Backofen auf mittlerer Schienen bei ca. 200° C 10 – 12 Min. backen.

Darf's ein bisschen mehr sein?

Kräuterblütenbutter

Zubereitung

1 250 g cremig gerührte Butter mit Salz und etwas Cayennepfeffer würzen.
2 Verschiedene Blüten, z.B. Gänseblümchen, und Kräuter klein schneiden und darunter mischen.
3 Entweder auf Brot streichen oder zu einem Steak in gekühlter Form servieren.

Königlich gesund
Mit den Genen des Großvaters

Schon als kleines Mädchen hatte sie den Traum, einmal Weinkönigin zu werden. Ein Weingut gab es zwar nicht in der Familie, doch
der Großvater mütterlicherseits hatte als Nebenerwerbs-Winzer
einige Weinberge, in denen Katharina und ihr Zwillingsbruder
Alexander gerne mithalfen. Zum Abschluss der Weinlese wurde
Katharina mehr als einmal mit der Blätterkrone zur „Herbstmuck"
gekrönt. Von Kronen konnte sie gar nicht genug bekommen und
so folgte als nächstes die Krönung der Zwillinge zum Kinderprin-
zenpaar des örtlichen Carnevalvereins. Kaum aus den Kinderschu-
hen herausgewachsen, wurde Katharina dann mit 16 Jahren beim
Winkeler Weinbauverband vorstellig und teilte mit, dass sie gerne
Weinprinzessin werden wolle. Die Krönung folgte noch im gleichen
Jahr und nur zwölf Monate später trug Katharina für die nächsten
sechs Jahre mit Stolz die Königinnen-Krone der Winkeler Winzer.
Sogar ihre Berufswahl richtete sie ganz auf das Premiumprodukt
ihrer Heimat aus: sie begann ein Studium der Internationalen
Weinwirtschaft an der Hochschule in Geisenheim. 2014 dann kam
der nächste Höhepunkt, als sie zur Rheingauer Weinkönigin gekrönt wurde.
Trotz vieler Verpflichtungen kocht und backt Katharina mit Begeisterung, denn sie hat die Gene ihres Großvaters Otmar geerbt,
der Bäcker war. Ein Lieblingsrezept von Katharina ist ihre Ries-
lingsuppe mit Gemüsemuffins. Die cremige Suppe mit der frischen
Rieslingnote und die deftigen, fluffigen Muffins vereinen alles, was
der jungen Frau wichtig ist: Die Leidenschaft für ihre Heimat, ihre
Familie und den Wein des Rheingaus.

Katharina Fladung stammt aus Winkel, studiert in Geisenheim
Internationale Weinwirtschaft und ist Rheingauer Weinkönigin des
Jahres 2015. (SF)

Gemüsemuffins

Zutaten
225 g Mehl
2 TL Backpulver
2 Eier
125 ml Milch
8 EL Öl
1 kleine Karotte (geraspelt)
1 kleine Zucchini (geraspelt)
Salz und Pfeffer

Zubereitung

1 Aus Mehl, Backpulver, Eiern, Milch und Öl einen Teig herstellen.
2 Danach die Karotten- und Zucchiniraspeln unterrühren (bei Bedarf Zucchini vorher ausdrücken, es darf nicht zu feucht werden).
3 Mit Salz und Pfeffer würzen. Für 25 Min. bei 190° C in Muffinförmchen backen.

Rieslingsuppe

Zutaten
1 EL Butter
0,2 l Riesling
1/2 l Gemüsebrühe
1 Becher Schmand
2 EL Mehl
100 ml Sahne

Zubereitung

1 Zwiebeln fein hacken und in Butter anschwitzen.
2 Mit dem Wein ablöschen und kurz köcheln lassen.
3 Danach die Brühe zugießen und aufkochen lassen.
4 Das Mehl unter den Schmand mischen und unter kräftigem Rühren in die Suppe geben.
5 Aufkochen lassen, danach die Sahne hinzugeben und noch einmal köcheln lassen.
6 Mit Salz und Pfeffer würzen und mit dem Stabmixer schaumig schlagen.
7 Nach Geschmack etwas Petersilie einrühren.

Best of Rosegässje

Im Rosegässje in Rüdesheim, da lässt sich gut sein. Hier in der Alt-
stadt, wo das Pflaster bucklig ist und die Rosen und Reben ranken,
liegt ein kleines Paradies. Der Gutsausschank der Lills ist Herzens-
und Familien-Angelegenheit.

Jetzt sind Silvia und Udo Lill die Wirtsleut'. Wer hier einkehrt,
bleibt sitzen – oft viele Stunden lang. Und wer viele Stunden lang
hier sitzt, trinkt auch viele Gläser Wein. Das funktioniert nur, wenn
die Grundlage stimmt. Für einen Abend mit (viel) Riesling eignet
sich dazu bestens eine kräftige Portion Kochkäse. Er ist einer der
Renner im Rosegässje. Seit sie Lill heißt, ist Silvia mit der Zubereitung dieser Spezialität vertraut.

Bei der oft gestellten Frage „Wer hat's erfunden?" verweist Silvia
auf die Schwiegermama. Die alt' Chefin, Gott' hab' sie selig, war's.
Doch ein Rezept hat sie nicht hinterlassen. In guter Erinnerung ist
allen Lills heute noch der Satz vom Liesje, den sie in der Küche zum
Besten gab: „Wer gut isst, kann aach gut trinke." Nicht nur deshalb
verwendet Silvia beste Zutaten für ihren Kochkäse. Kalorienzähler
sind hier fehl am Platz, denn natürlich kommt neben Riesling auch
ein ordentlicher Schuss Sahne mit rein. Mehrmals wöchentlich
bereitet Silvia ihren Kochkäse zu. Während die Schwiegermutter
ihn noch mit viel Geduld und Zeit in einem großen Topf auf dem
Wasserbad aufschlug, hat sich Silvia elektrische Hilfe ins Haus geholt. An der Qualität und am Geschmack ändert das nichts. Und die
Portionen sind reichlich bemessen, so wie das früher immer schon
so war. Wenn was übrig bleibt, dann wird's gerne eingepackt.

Silvia und Udo Lill betreiben ihren Gutsausschank im Rüdesheimer
Rosegässje schon seit vielen Jahren. Einheimische und Touristen
sitzen hier – oft gemeinsam – am Tisch und lassen es sich schmecken. (LM)

Silvias Kochkäs'

Zutaten

500 g Handkäse von mittlerer Reife
2 große Eier
100 g Butter

100 ml Schlagsahne
100 ml Rheingauer Riesling, trocken
Kümmel

Zubereitung

1 Den Handkäse behutsam im Wasserbad schmelzen und die Eier mit dem Schneebesen unter die Handkäs'-Masse schlagen.
2 Die Butter zerlassen, mit der Schlagsahne und dem Rheingauer Riesling unterrühren.
3 Mit Kümmel würzen, in kleine Töpfchen abfüllen und über Nacht kaltstellen.

4 Am nächsten Tag ist der Kochkäse fertig und servierbereit.

Dazu schmecken Bauernbrot und Gewürzgurken sowie anderes sauer eingelegtes Gemüse, zum Beispiel Silberzwiebelchen.

„Wibbes" ist ein Tausendsassa

Winfried Steinmacher ist ein echter Tausendsassa: er ist Vorsitzender der Freiwilligen Feuerwehr Kiedrich, war über viele Jahre hinweg Gemeindebrandinspektor. Er ist im Vorstand des Carnevalvereins Kiedrich, ist aktiver Fastnachter in der Hochburg und war Sitzungspräsident der legendären Sprudelfunken. Er ist im Beirat des Förderkreises Kiedricher Geschichts- und Kulturzeugen, zweiter Vorsitzender des Verkehrs- und Verschönerungsvereins, im Vorstand des Kirchenbauvereins und hat seit über zwei Jahrzehnten das Amt des Vorsitzenden der Teilnehmergemeinschaft der Flurbereinigung inne. Dem Kiedricher Weinbauverein, dem VDK, dem Schützenverein, dem Verein der Freunde des Chorstifts Kiedrich, dem Gemischten Chor Liederblüte, der Kolpingfamilie, dem Mandolinenclub Edelweiß, dem Mundartverein, dem 1. FC Kiedrich, dem Verein „Betreuende Grundschule", dem Tennisclub und dem Freundschaftsbund Kiedrich-Hautvillers gehört er ebenfalls an. Und „Wibbes", wie er in Kiedrich liebevoll genannt wird, ist ein bürgernaher Rathauschef. Seit 2006 ist er unangefochtener Bürgermeister seiner Heimatgemeinde. „Ganz nebenbei" ist er auch noch als Winzer und langjähriger Wirt des eigenen Gutsausschanks in die Fußstapfen seines Vaters getreten. Berühmt gewesen ist der Kiedricher Gutsausschank „Wibbes" jahrzehntelang für seinen Spundekäs' und den selbst eingelegten Handkäse. „Ich erinnere mich gut daran, dass wir ab und zu auch etwas Ausgefallenes gemacht haben. Hierzu zählte der Hunsrücker Dippekuche aus Mutters Küche, der reißenden Absatz fand, erzählt „Wibbes". Gerne erinnert sich der Rheingauer an die vielen Besuche und liebevoll gekochten Köstlichkeiten im Hunsrück.

Der Kiedricher Winzer **Winfried Steinmacher** ist Sozialdemokrat und seit 2006 Bürgermeister der Gemeinde Kiedrich. (SF)

Hunsrücker Dippekuche

Zutaten
1 kg Kartoffeln
2 Eier
1 Speckseite
1 altbackenes Brötchen
1 Zwiebel

50 g Fett
Salz
Pfeffer
Muskatnuss

Zubereitung

1 Zuerst einen gusseisernen Topf dick mit Speck einreiben.
2 Die Kartoffeln abwaschen und schälen, danach zusammen mit dem Brötchen mit der Kartoffelreibe in eine Schüssel reiben.
3 Die Zwiebel schälen und in kleine Würfel schneiden, dazugeben und mit dem Ei unterrühren.
4 Mit Salz, Pfeffer und Muskat gut würzen.
5 Fett in dem Topf erhitzen.
6 Zwischenzeitlich den Speck in grobe Würfel schneiden. Statt Speck kann man auch in Scheiben geschnitten Schinken nehmen, die Scheiben dann aber mehrfach teilen.
8 Backofen auf 250° C vorheizen.
9 Die Speckwürfel mit der Kartoffelmasse in den Topf geben und anbraten, bis sich eine Kruste bildet.
10 Die Masse mit Kruste aus dem Topf entnehmen. Topf säubern.
11 Das Ganze zweimal wiederholen.
12 Den Topf gut säubern und mit der Speckschwarte einfetten.
13 Die Masse wieder in den Topf geben und mit Deckel bei 250° C (vorgeheizt) backen.
14 Nach 30 Min. den Deckel abnehmen und weitere 15 Min. backen, bis sich eine dunkle Kruste bildet.

Ein absolutes Muss

Die Wisper ist ein kleines, munteres Bächlein, durchquert das Rheingauer Gebirge und mündet bei Lorch in den Rhein. Das „Wisperwindchen" sorgt für Kühlung an heißen Sommertagen, und wenn es nachts ganz still wird, dann kann man es manchmal ganz deutlich hören: Das Wispern der Wisper. Ein Fischlein ist eng mit der Wisper verbunden: Es ist die muntere Forelle. Im sauerstoffhaltigen Wasser fühlt sie sich wohl und hat als „Wisperforelle" auf den Speisekarten der Region Einzug gehalten. Ob gebacken „Müllerin Art" oder gedünstet als „Forelle blau" – die „Wisperforelle" ist aus dem Rheingau nicht mehr wegzudenken. Aus Stadt und Land kommen die Forellenfreunde und decken sich mit fangfrischen Fischen oder mit goldgelb geräucherten „Wisperforellen" ein. Im Wispertal, gleich gegenüber dem Restaurant Laukenmühle, wo die „Wisperforelle" natürlich auch serviert wird, gibt es eine kleine Verkaufsstation. Ob frisch aus dem Wasser oder aus dem Rauch, ob vakuumiert oder einfach eingeschlagen in Packpapier – hier wird man immer fündig. Besser gesagt, fast immer. Manchmal sind die beliebten Tierchen auch restlos ausverkauft.

Sabine Sohns ist eine heimatverbundene Winzersfrau. Wenn die Familie ihren Gutsausschank in Geisenheim für ein paar Wochen öffnet, dann treffen sich hier die Rheingauer Genießer. Die Weine machen jetzt auch unter Sohn Pascal im besten Sinne von sich reden. Sabines Küche steht für ehrliche Speisen, die mit viel Fantasie zubereitet werden. So auch das Mousse von der geräucherten „Wisperforelle", das schnell zubereitet ist und als kleine Vorspeise zum Wein gereicht werden kann.

Sabine Sohns regiert mit Herz und Hand in der Küche des Gutsausschank Sohns in Geisenheim. Jedes Jahr überrascht sie ihre Gäste mit neuen Kreationen, die einfach gut schmecken. (LM)

Mousse von der Wisperforelle

Zutaten
100 g geräucherte Wisperforelle
200 g Frischkäse
1 guter Schluck Schlagsahne
Salz, Pfeffer
etwas Zitronensaft
kleingehackter Dill

Zubereitung

Alle Zutaten im Mixer pürieren.
Köstlich als Brotaufstrich auf
frischem Bauernbrot oder als
Gruß aus der Küche, serviert als
kleiner Klecks auf einer dicken
Scheibe Salatgurke.

Ungarische Anleihen

Ungarischer Quarknudelkuchen ist das Lieblingsgericht von Familie Lönarz. Robert Lönarz stammt eigentlich aus einem Weingut an der Mosel und hat dort auch immer noch seine Wurzeln. Heimisch geworden ist er mit seiner Frau Anette und den beiden Kindern Hannah und Simon schon vor langer Zeit im Rheingau. Als Campus-Manager der renommierten Geisenheimer Hochschule, als Kapitän der legendären „Weinelf"-Fußballmannschaft und Vorsitzender des Ehemaligen-Vereins der Rheingauer Hochschulabsolventen hat Robert Lönarz alle Hände voll zu tun.

Doch der Genuss spielt im Leben des Weinfachmannes stets eine große Rolle. So kommt bei ihm nicht nur edler Rebensaft ins Glas, auch gutes Essen weiß man im Hause Lönarz zu schätzen – am besten einfach und lecker. Wie der Quarknudelkuchen, der 1996 erstmals auf den Tisch kam, in dem Jahr, in dem Sohn Simon, inzwischen angehender Winzer auf Schloss Vollrads, geboren wurde. „Eine junge, nette Frau, mit der ich gemeinsam den Geburtsvorbereitungskurs absolvierte und die heute meine beste Freundin ist, überraschte uns damals mit diesem Gericht aus ihrer Heimat", erinnert sich Anette Lönarz. Gyöngyi Mayer hat seitdem einen Stein im Brett bei Familie Lönarz: alle lieben den herzhaften Kuchen, den sie auch immer mit der netten Ungarin verbinden. „Regelmäßig wünschen sich alle dieses Gericht auf dem Tisch", sagt Anette Lönarz.

Robert Lönarz ist Campus-Manager der Hochschule Geisenheim. (SF)

Quarknudelkuchen

Zutaten (für 4 bis 6 Personen)
500 g Bandnudeln
300 g Schinkenspeck gewürfelt
400 g Quark
1 Ei
1 Becher Schmand
1 Becher Crème fraîche

Zubereitung

1 Nudeln bissfest kochen, Schinkenspeck bei mittlerer Hitze in kleiner Pfanne knusprig anbraten, ein Schluck Öl gehört dazu.

2 In einem großen Topf Quark mit etwas Öl erwärmen und ein Ei dazu geben, alles gut umrühren, bis es stockt.

3 Gut pfeffern und salzen.

4 Die Nudeln dazu geben und alles vermischen. Dann den Schmand dazugeben, gut umrühren und erwärmen.

5 Ofen auf 200° C erhitzen, Quark-Nudel-Mischung in eine runde Auflaufform geben.

6 30 Min. bei 200° C auf Umluft backen.

7 Auflaufform herausnehmen und auf einen großen Teller umstülpen und schon ist der Kuchen fertig.

8 Mit der Crème fraîche und den Speckwürfeln wird der in Stücke geschnittene Kuchen garniert.

„Rheingauer Runder"

Er lagert seine edlen Käsespezialitäten seit einigen Jahren schon der Aromen wegen im Weinkeller des Erbacher Weingutes Jakob Jung und hat so köstliche Variationen wie Tresterkäse, Spätburgunder- und Riesling-Käse kreiert: Reiner Wechs. Er und seine Kollegin Anke Heymach haben ihre Käsescheune eigentlich in der Wetterau, wo auch die Tiere stehen, die ihre Milch für die köstlichen Käse hergeben.

Im Rheingau ist Wechs längst ein bekannter Käseaffineur. Den einzigen „Rheingau-Käse" hat er für den Künstler Michael Apitz und seinen Freund Frank Förster von rheingau.de kreiert.

In der Familie von Reiner Wechs liebt man den „sauren Runden", ein Rezept, das vom Urgroßvater stammt. Wie bei vielen wohlschmeckenden Gerichten ist auch dieses eines aus der traditionellen Hausfrauenküche, in der alles aus der Speisekammer verwertet und nichts weggeworfen wurde. „Wenn die Weichkäse sehr gut ausgereift sind, haben sie je nach Reifestadium einen leichten Ammoniak-Geschmack. Um den Käse trotzdem noch verwerten zu können, wird er mit verschiedenen Zutaten angemacht. Die bekannteste Variation ist wohl der „Obatzte" auf Camembert-Basis, so der Käsespezialist. Bei Familie Wechs liebt man die schwäbische Variante mit dem selbstproduzierten „Rheingauer Runden", eines Rotschmierkäses, ähnlich einem Limburger, Romadur oder Steinbuscher. Je nach Geschmack verwendet man einen jüngeren und milden Käse oder den völlig ausgereiften, dann sehr pikanten und prägnanten Käse. „Wir reichen den ‚sauren Käse' mit großem Erfolg bei kleinen Feiern mit Freunden", so Reiner Wechs.

Die Rheingau-Affineure **Reiner Wechs und Anke Heymach** lagern ihren in der eigenen Käsescheune in der Wetterau hergestellten Käse in Rheingauer Weinkellern. (SF)

Saurer Käse

Zutaten
500 g Rheingauer Runder (alternativ einen Limburger, Romadur oder Steinbuscher)
1 Tasse warmes Wasser
1 EL Essig

4 EL Öl
Salz
frisch gemahlener Pfeffer
1 Zwiebel
etwas Zucker

Zubereitung

1 Vom Käse die Rotschmiere großzügig abschaben.
2 Den Käse dann in kleine Scheiben schneiden. Eine Marinade aus Wasser, Essig, Öl, Zucker, Salz und Pfeffer zubereiten.
3 Käse in der Marinade je nach Geschmacksintensität einen bis drei Tage einlegen, am besten eignet sich ein verschlossener Steintopf.

4 Lagerung an einem kühlen Ort.
5 Vor dem Servieren Zwiebel in Ringe schneiden und unter den Käse heben, Schnittlauch und Petersilie hacken und den Käse damit bestreuen.

Dazu passen am besten Schwarzbrot und ein guter, trockener Riesling.

Comicautor wird Bürgermeister
Vom Spätlesereiter Karl, der das Zisterzienserbrot „erfand"

Der Eltviller Bürgermeister Patrick Kunkel hat eine Vergangen-
heit: Vor über 25 Jahren hatte er gemeinsam mit seinem Freund
Michael Apitz den „Karl-Comic" erfunden. Die lustigen Abenteuer
von „Karl, dem Spätlesereiter" haben einen fundierten geschicht-
lichem Hintergrund. Sie wurden in zahlreiche Sprachen übersetzt.
„Der Spätlesereiter stand für die gesamte Serie von insgesamt
zwölf Karl-Comics und ist so Markenname für unsere Comic-Arbeit
geworden", erinnert sich der heutige Rathauschef. Fast eine Million
Comic-Bücher wurden bis heute verkauft.
Der erste Band erklärt den Beinamen der Hauptfigur Karl. Aufge-
griffen wird die Geschichte der Entdeckung der Spätlese. Der tapfere
Karl wird 1775 ausgeschickt, beim Fuldaer Bischof die Erlaubnis
zur Weinlese im Rheingauer Klostergut Johannisberg einzuholen.
Auf dem Weg lauert ihm ein missgünstiger Konkurrent auf. Als
Karl schließlich auf dem Johannisberg eintrifft, ist die Ernte bereits
in Fäulnis übergegangen. Doch Karl keltert die Trauben dennoch
und entdeckt die „Spätlese". Tatsächlich haben eigentlich erst der
Zeichner Michael Apitz und Autor Patrick Kunkel und sein Vater
Eberhard, der für die geschichtliche Hintergrundforschung verantwortlich zeichnete, dem Spätlesereiter den Namen „Karl" gegeben,
der aus Rheingauer Köpfen nicht mehr weg zu denken ist. Karl ist
auch der „Erfinder" des Rheingauer Zisterzienserbrots, einer „gött-
lichen" Speise aus Hackfleisch und Pflaumen, mit der der Geist des
ehrenwerten Grafen Greiffenclau zu Vollrads von dem Fluch, zu
spuken, befreit werden kann. „Eigentlich stammt das Rezept für die
Leckerei zum Wein aus dem Kochbuch meiner Mutter, die es einst
aus Frankreich mitgebracht hatte", verrät Patrick Kunkel.

Patrick Kunkel ist Christdemokrat und seit 2006 Bürgermeister
von Eltville. (SF)

Zisterzienserbrot

Zutaten (für 10 bis 12 Personen)

1750 g gemischtes Hackfleisch	500 ml Milch
350 g Speck	2 TL Backpulver
5 Zwiebeln	10 Eier
1 kg Backpflaumen	Salz
225 g Mehl	Pfeffer

Zubereitung

1 Zwiebeln und Speck fein hacken, die Pflaumen in Stücke schneiden.

2 Hackfleisch mit Mehl, Eiern, Backpulver und Milch, Speck und Zwiebeln gut verkneten und mit Salz und Pfeffer herzhaft würzen.

3 Die Masse auf ein gefettetes Backblech verteilen und glatt streichen.

4 In den auf 200° C vorgeheizten Backofen schieben und etwa 1 Std. backen.

5 Abkühlen lassen und dann in Stücke schneiden.

HINNERHER

Was Süßes geht immer noch

Blüten zum Essen

Die einen lieben ihn, die anderen hassen ihn. Holunder polarisiert. Wenn der Holunder blüht, denken die Holunder-Hasser schon mit Schrecken an die schwarzblauen, intensiv gefärbten und alles färbenden Beeren, die aus den Blüten entstehen. Überall blaue Flecken, die kriegt man doch nie wieder weg ... Auch Holunderbeerensaft trifft nicht jedermanns Geschmack. Als Kinder bekamen wir ihn oft kredenzt. Einmal hatten wir das bittere Gesöff einfach ins Klo entsorgt. Doch die blaue Spur war verräterisch ... Die Holunder-Fans, zu denen auch Rita und Gernot Bielke gehören, geraten in Verzückung, wenn die weißen Dolden der Holunderbüsche ihren Duft verströmen. Verheißen die Blüten doch wahre Wonnen der kulinarischen Art. Ob Holunderblüten-Sirup (köstlich in Kombination mit einem trockenen Sekt aus Rieslingtrauben) oder Holunderblüten-Gelee auf einem gebutterten Bauernbrot – Holunderblüten sind vielseitig in der Küche zu verwenden. Da die Pflanze zu den dominanten Gewächsen gehört, findet man sie auch im Rheingau fast an jeder Ecke. Doch bevor man die Blüten vom Strauch zupft oder schneidet, sollte man genau hinschauen. Auch Läuse lieben Holunderblüten ... Schädlingsfreie Dolden packt man in feuchte Tücher und trägt sie im Körbchen nach Hause. Umhüllt von einem leckeren Ausbackteig mit einem kräftigen Schuss Riesling, in sprudelndem Fett ausgebacken und anschließend bestreut mit Zucker und Zimt – so wird aus den Blüten des Holunderstrauchs eine Delikatesse für große und kleine Genießer.

Rita und Gernot Bielke kennen sich aus mit den Schätzen, die der Rheingau uns bietet. Und wenn Dr. Bielke in seiner kleinen Küche Grande Cuisine zelebriert, dann kommt ihm bei der Zubereitung ein tiefes Verständnis für die Vorgänge im Kochtopf zugute. Wen wundert's: Gernot ist Physiker und bekennender Genießer. (LM)

Frittierte Holunderblüten

Zutaten
8 frisch gepflückte Holunderblüten-
dolden (ohne Läuse) mit ca. 10 cm
langem Stiel (unter feuchtem Tuch
frisch halten)
1 kg Pflanzenfett zum Frittieren
100 g Zimtzucker
4 Bällchen Vanilleeis

Zutaten für den Ausbackteig
200 g Mehl
2 Eier
1 TL Zucker
1 Prise Salz
100 ml Milch
1/2 Piffche (0,1 l) Rheingauer Riesling (kalt; evtl. mit Eiswürfel)

Zubereitung

1 Mit einem Schneebesen aus
Mehl, Eiern, Zucker, Milch,
Riesling,Salz und mit etwas
eiskaltem Mineralwasser (mit
Kohlensäure), einen relativ
dünnflüssigen Teig herstellen.
2 Mindestens 20 Min. ruhen
lassen (Mehl muss ausquellen;
Teig wird dabei etwas dickflüs-
siger).
3 Das Pflanzenfett erhitzen, ein
Holzlöffel muss beim Eintauchen sofort Blasen bilden.
4 Holunderblüten am Stiel
nehmen und in den Ausbackteig eintauchen.
5 Anschließend in das Ausbackfett geben und am Stiel
im Fett mehrfach nach oben
und unten bewegen, damit die
„Blüten" wieder „aufgehen".
6 Sobald der Teig leicht zu
bräunen beginnt, Holunderblüten aus dem Ausbackfett herausnehmen und auf Küchenpapier abtropfen lassen.
7 Mit der Zucker-Zimt-
Mischung bestreuen und
zusammen mit den Vanilleeis-
bällchen servieren.

Wunderknödel
Oder so kann man sich täuschen

Susanne Schima ist Wahl-Rheingauerin aus vollster Überzeugung.
Die Braunschweigerin liebt den Rheingau – so, als wär's ein Stück
von ihr. In Rüdesheim, wo sie vor Anker gegangen ist, kennt sie
sich bestens aus. Wen wundert's, Susanne Schima, von allen „Su"
genannt, legt hier täglich viele Kilometer zurück. Nicht zu Fuß,
nein, sie fährt. Und viele fahren mit ihr mit, denn Su ist Lokfüh-
rerin. An Bord des Rüdesheimer Winzerexpress' tuckert sie mit
den Touristen durch die Stadt. Das „Bähnche"-Fahren arbeitet Sus
große Leidenschaft und ihr Broterwerb. In der Saison fährt Su oft
bis in die Nacht hinein. Da bleibt wenig Zeit zum Einkaufen und
zum Kochen. Deshalb hat sich Su auch sehr gefreut, als sie kurz
nach ihrem Umzug nach Rüdesheim zum Essen eingeladen wurde.
„Karthäuser Klöß'" sollte es geben. Su, die Herzhaftem den Vorzug
gibt, träumte bereits am Vormittag von Knödeln in pikanter Soße
und einem schönen Stück Bratenfleisch. Sie wunderte sich nicht
schlecht, als ihr bei der Ankunft im gastgebenden Haus ein süßer
Duft entgegenschlug. Der musste auf das in Vorbereitung befindli-
che Dessert zurückzuführen sein. Doch weit gefehlt. Die „Karthäuser Klöß'„ entpuppten sich als ein süßes Hauptgericht, bestehend
aus in Milch eingeweichten Brötchen, die in heißem Fett ausgebacken und mit Zucker bestreut serviert werden. Sie schmeckten
einfach köstlich. Und es gab noch eine Überraschung für Su. Die
„Karthäuser Klöß'", die in Sus Heimat „Arme Ritter" heißen, wurden mit einer gelblich weißen Soße serviert, die Su auf Vanillesoße
schließen ließ. Aber auch hier lag sie falsch, denn „Karthäuser
Klöß'" werden im Rheingau natürlich von Weinschaum begleitet.

Der Rüdesheimer Winzerexpress ist fest in Frauenhand. Neben
Susanne Schima bewegt eine weitere Susanne das Gefährt durch
die engen Gassen von Rüdesheim (LM)

Karthäuser Klöß'
mit Weinschaumsoße

Zutaten
Kartäuser Klöß'
8 altbackene Brötchen
1/2 l Vollmilch
2 große Eier
1 Vanillestange

50 g Zucker
Zimt
1 Prise Salz
100 g Fett zum Ausbacken

Zubereitung

1 Brötchen auf einer Küchen-
reibe abreiben und halbieren.
2 Milch, verquirlte Eier, den
mit dem Inhalt der Vanillestange vermischten Zucker sowie
Salz mischen und über die
Brötchenhälften geben.

3 Durchziehen lassen und anschließend mit dem Weckmehl
aus der abgeriebenen Rinde
panieren.
4 In heißem Fett goldbraun
backen und mit Zucker, evtl.
auch mit Zimt, bestreuen.

Zutaten
Weinschaumsoße
4 EL Zucker
4 Eigelb

Maximal 1/2 l Rheingauer Riesling,
halbtrocken

Zubereitung

1 Zucker und Eigelb auf einem
heißen Wasserbad schaumig
rühren.
2 Den Riesling langsam dazu
geben.

3 Weiter schlagen, bis die Masse dicklich wird.
4 Anschließend vom Wasserbad nehmen und noch einmal
kräftig weiter schlagen bis zur
gewünschten Konsistenz.

Omas Soß'

Weinmachen ist im Weingut Nikolai eine Leidenschaft, die seit Generationen im Blut liegt. Gerade wächst die dritte Generation ganz nah am Weinbau auf: schmunzelnd beobachten Weinbauingenieur Frank Nikolai und seine Frau Katharina, wie ihre kleinen Töchter mit Opa Heinz die Gerätschaften der Traubenlese reinigen. Und während Frank im Keller die frisch ins Fass gebrachten Jahrgangsweine kontrolliert, seine Schwester Stefanie in der Vinothek Weinkunden berät, geht Katharina zu Schwiegermutter Helga in die Küche, um bei den Vorbereitungen für das gemeinsame Essen zu helfen. Die Nikolais sind stolz darauf, ein echtes Familienweingut mit Tradition zu sein. „Zukunft braucht Herkunft" ist das Motto. „Die Erfahrung aus dem Vergangenen gibt uns Sicherheit für die Zukunft", sagen die Winzer aus Leidenschaft. Schon über 180 Jahre ist das Weingut Nikolai mit Erbach verwurzelt. Auf 13 Hektar Rebfläche bauen sie ihre Weine an. Sorgfältig geführtes Handwerk, so versteht man die Winzerarbeit, und verrichtet vom Rebschnitt über die Ernte bis zur Abfüllung alle Tätigkeiten selbst. „Wein ist Handwerk und mit den Händen gestalten wir als Winzerfamilie unsere Gewächse", so Frank Nikolai. Er steht dafür, authentische Weine mit unverwechselbarer Herkunft im Einklang mit der Natur nachhaltig zu erzeugen.

Den Hunger der Familienmitglieder stillt Oma Helga gerne mit Gerichten aus dem über Generationen hinweg vererbten Familienkochbuch. Eines der Lieblingsgerichte im Hause Nikolai ist die berühmte Weinsoß' mit Schmelze, die am besten zu Bandnudeln gegessen wird. Schon die Kleinsten lieben diese dicke, cremige, vanillige Soße, dürfen sie aber wegen des Alkohols nur löffelchenweise kosten.

Familie Nikolai betreibt in Erbach ein Weingut mit 13 Hektar Anbaufläche und eigener Vinothek. (SF)

Weinsoß´ mit Schmelze

Weinsoß´

Zutaten
400 ml Riesling feinherb
1 Päckchen Vanillepudding
1 Eiweiß
2 – 3 EL Zucker

Schmelze

Zutaten
125 g Butter
150 – 200 g Semmelbrösel

Zubereitung

1 Vanillepudding nach Anleitung mit Wein statt Milch zubereiten.
2 Die Masse im Wasserbad erkalten lassen, dabei ständig rühren, so dass sich keine Haut bildet.
3 1 Eiweiß steif schlagen und unterheben.

Zubereitung

1 Butter zerlassen
2 Semmelbrösel einrühren und bräunen lassen.

Tannenbaum zum Trinken

Tannenspitzen kann man trinken, und sie schmecken mitten im Sommer ein bisschen nach Weihnachten. Jedes Jahr im Mai nahm Oma Rina ein paar ihrer 13 Enkelkinder mit in den Wald. Die Kinder bekamen Körbchen in die Hand und hatten den allergrößten Spaß, die zarten kleinen, grasgrünen, frischen Tannenspitzen zu ernten, wie die Großmutter es ihnen zeigte. Mit den Körbchen voller Tannentriebe ging es dann nach Hause. Oma Rina wusch die Tannenspitzen und mischte sie in einem großen Einmachglas mit Zucker, dann bat sie den Großvater um eine Flasche Korn und goss das Zucker-Tannen-Gemisch damit bis zum Rand des Glases auf. Fest verschlossen kam es auf das oberste Brett im Vorratskeller und ruhte hier bis zum Hochsommer. Anfang August wurde das Glas wieder geöffnet und sofort duftete die ganze Küche nach frischem Wald. Oma goss den Likör durch einen Kaffeefilter, um die Tannennadeln aufzufangen und dann konnte man den ungewöhnlichen Likör genießen. Das blieb natürlich den Erwachsenen vorbehalten, die Omas hochprozentiges Getränk in den höchsten Tönen lobten und es gerne auch mit Eiswürfeln mischten. Die Kinder bekamen höchstens mal ein Teelöffelchen von dem Tannenspitzenlikör, wenn sie husteten.

Das Rezept hatte Katharina Müller aus ihrem Heimatort Presberg mit nach Hallgarten gebracht. Bei einer Wallfahrt ins Kloster Marienthal hatte sie als junges Mädchen den Hallgartener Rotschopf Franz Klein zum ersten Mal gesehen. Noch dreimal „wallfahrteten" die beiden nach Marienthal, dann wurde geheiratet. Franz Klein war einer der letzten Winzer, der bis Ende der 70er Jahre seine Weinberge noch mit seinen Pferden Lotte und Toni bewirtschaftete.

Die Hausfrau **Katharina Klein** und der Winzer **Franz Klein** lebten in Hallgarten, ihre Nachfahren sind hier immer noch beheimatet. (SF)

Tannenspitzenlikör

Zutaten
100 g zarte grüne Frühlings-
tannenspitzen
200 g Zucker
1 Flasche Korn

Weihnachten mit Rieslingäpfeln

In fast jeder Familie wird Weihnachten einer alten Tradition fol-
gend gefeiert, und zu dieser Feier gehört natürlich auch ein gutes
Essen. In der Familie von Siegfried Müller, die aus Breslau stammt,
gab es am Heiligabend Erbspüree aus gelben Erbsen, Sauerkraut
und darin gegarte Krakauer-Würste und Kasseler. In der Familie
seiner Frau wurden, nach der aus der Nähe von Nierstein stam-
menden Mutter, Kartoffelsalat und Würstchen serviert. Beide
Menüs waren nicht unbedingt die Lieblingsspeisen von Gerda und
Siegfried Müller und so entschieden sie, nachdem sie 1977 eine
gemeinsame Wohnung in ihrer Wahlheimat in Winkel im Rheingau
bezogen hatten, ein neues Familiengericht für Weihnachten zu
kreieren: ein Fleischfondue mit vielen Dips und Soßen. Das Fleisch
bestand aus Schweinelende, Hühnerbrust, Rumpsteak, manchmal
ist auch eine Lammlende dabei. Das Fleisch wird stets am Vor-
abend gewürfelt, in Sherry mariniert und kurz vor dem Verzehr in
Leinentüchern ausgedrückt. Später dann, als die beiden Töchter des
Paares sich für ein vegetarisches Leben entschieden, kam noch ein
weiterer Fonduetopf auf dem Tisch, gefüllt mit Gemüsebrühe, in
dem die fleischlose Kost gegart werden konnte. Beibehalten wurden
die vielen Soßen und Dips. Fast jedes Jahr probiert Familie Müller
eine neue Soße aus, aber die „Klassiker" bleiben doch die besten
und kommen Jahr für Jahr auf den Tisch. Höhepunkt des Essens ist
natürlich der Nachtisch und hier werden jedes Jahr an Weihnachten
bei Müllers die von allen heiß geliebten Rheingauer Riesling-Äpfel
mit Vanille-Soße serviert. Darauf will bei Familie Müller keiner
verzichten, sie sind die Weihnachtsfreude pur.

Gerda Müller ist Mitglied der SPD und seit 2011 Stadtverordneten-
vorsteherin von Oestrich-Winkel. (SF)

Müllers Klassiker-Soßen zum Fondue

Aioli

Zutaten
6 Knoblauchzehen
1 Msp. Salz
Saft von 1/2 Zitrone
2 Eigelb
1/4 l Öl
frisch gemahlener weißer Pfeffer

Zubereitung

1 Die gepellten Knoblauchzehen grob hacken, mit Salz
bestreuen und durch eine
Knoblauchpresse drücken.
2 Knoblauch mit Zitronensaft
und den Eigelben verrühren.
3 Das Öl erst tropfenweise,
dann in dünnem Strahl einar-
beiten.
4 Zum Schluss mit Pfeffer
würzen.

Eier-Soße

Zutaten
4 Eier
4 kleine Zwiebeln
1 kleine Gewürzgurke
1 Tasse Mayonnaise
1 Becher Joghurt
1/2 TL Curry
Salz

Zubereitung

1 Die Eier hart kochen, abschrecken, pellen und abkühlen
lassen.
2 Die Zwiebel in kleine Würfel
schneiden, Gewürzgurke und
Eier ebenfalls würfeln.
3 Wichtig ist hier, dass Eier,
Zwiebeln und Gurke wirklich
sehr fein gewürfelt werden.
4 Die Mayonnaise mit Joghurt,
Curry und Salz verrühren.
5 Alle klein geschnittenen
Zutaten unter die Soße mischen
und gut durchziehen lassen.

Rheingauer Riesling-Äpfel

Zutaten

4 große säuerliche Äpfel
4 Walnüsse
4 TL Sultaninen (mit 2 TL Zucker,

Zimt und 1 TL Butter gemischt)
1/4 l Rheingauer Riesling trocken

Zubereitung

1 Die Äpfel schälen und das Kernhaus ausstechen.
2 Nüsse fein hacken und mit Sultaninen, Zucker, Zimt und Butter mischen.
3 Die Mischung in die Apfel-höhlungen füllen.

4 Die Äpfel in eine feuerfeste Form setzen und mit dem Ries-ling übergießen.
5 Im Backofen bei 175° C 1/2 Std. offen garen und in der Form servieren.

Eine runde Sache
für hungrige Kinder

Immer das Gleiche: Gib einem Kind einen Apfel. Es wird ihn nehmen, ihn in seinen Händchen drehen und wenden, ihn rollen, ihm
einen Mund und Kulleraugen malen oder Ball mit ihm spielen ...
aber auf die Idee, den Apfel zu essen, kommen nur die wenigs-
ten unserer lieben Kleinen. Dabei, das wissen wir alle, sind Äpfel
doch sooo gesund. Experiment Nummer zwei: Schäle einen Apfel,
schneide ihn in kleine Spalten, lege diese in einem Kranz auf ein
Tellerchen und stelle dieses einem Kind zum Beispiel beim Fernsehen hin. Sind keine Chips oder andere Genussmittel auf dem Tisch,
so wird sich das Kind gedankenverloren einige Apfelspalten greifen
und diese kommentarlos verzehren. Die Frage „Na, schmeckt doch
gut, oder?" ist überflüssig. Es handelt sich hier lediglich um einen
Greif- und Beiß-Reflex. Experiment Nummer drei: Bereite aus
Eiern, Milch, weißem Zucker und ebensolchem Mehl einen süßen
Teig. Arbeite Apfelstückchen mit ein und forme daraus Kugeln.
Lasse diese in heißem Wasser ziehen, bis sie oben schwimmen und
serviere die Klöße mit Zucker, Zimt und zerlassener Butter ... Dieses
einfache Gericht lässt Kinderherzen höher schlagen.

Das Rezept für Heidis Apfelklöß' stammt aus ihrer Kindheit. Im
Garten stand ein Apfelbaum, der trug und trug. Viele solcher fleißigen Apfelbäume stehen in den Rheingauer Gärten. Während man
im Umland kurzen Prozess mit den Äpfeln macht und sie auf die
Presse wirft, um Apfelwein daraus zu keltern, stößt dieses Vorge-
hen im Rheingau nicht gerade auf Begeisterung. Wein macht man
hier aus Trauben ... und Äpfel sind gut für ein Gericht, das (fast)
alle Kinder lieben: Apfelklöß'.

Heidemarie Schiffer ist Konrektorin der Julius-Alberti-Schule in
Rüdesheim und Mutter eines mittlerweile apfelbegeisterten großen
Sohnes. (LM)

Apfelklöß'

Zutaten
500 g Äpfel
2 Eier
einige EL Milch
Mehl (so viel, dass der Teig fest wird)
Zucker

eine Prise Salz
Zum Begießen: Butter, Zucker, Zimt
nach Belieben

Zubereitung

1 Äpfel klein schälen und in sehr kleine Würfelchen schneiden.

2 Die übrigen Zutaten hinzufügen, alles gut verrühren und durchkneten bis ein Teig entsteht.

3 Aus dem Teig Knödel formen und diese in kochendem Wasser garen, bis die Knödel oben schwimmen.

4 Herausheben, mit Zucker und Zimt bestreuen und mit zerlassener Butter servieren.

Pfarrer mit Lebensfreude

Fußball ist seine Leidenschaft, ansonsten sind Gott und die Katholische Kirche seine Passion: Der gebürtige Erbacher Klaus Waldeck ist ein Pfarrer der ganz besonderen Art. Zusammen mit seinem Patenkind Robert und dessen Freunden kann er schon mal eine halbe Nacht lang Monopoly spielen und sich tüchtig ärgern, wenn ihm der schnöde Mammon auf der Schlossallee nur so durch die Hände rinnt oder wenn seine heißgeliebte Eintracht Frankfurt mal im Heimspiel zu viele Tore kassiert hat. So oft es seinen umfassenden seelsorgerischen Tätigkeiten in den Pfarreien in Kelkheim und Liederbach zulassen, geht Klaus Waldeck auch ins Stadion und feuert dann, mit Fanschal und Kappe gerüstet, stimmgewaltig seine Mannschaft an. Das macht Klaus Waldeck so liebenswürdig. Vor allem Kinder und Jugendliche wissen es zu schätzen, dass der gestandene Rheingauer Fastnachter ihnen auf Augenhöhe begegnet. Deshalb ist er auch jedes Jahr ein gern gesehener Gast im Katholischen Zeltlager der Pfarrgemeinden Erbach und Hattenheim. Bereits in der dritten Generation erleben hier Rheingauer Kinder zwei Wochen lang Natur pur und viele tolle Abenteuer rund um das Lagerfeuer. Auch des Pfarrers Patenkind Robert und dessen Vater gehören zur Zeltlagergemeinde und alle zusammen verbindet eines: die Vorliebe für das Zeltlagergericht „Gribbes–Grabbes". Die für das Küchenteam leicht zu bereitende und sättigende Mahlzeit aus Nudeln, Apfelmus und geröstetem Paniermehl ist bei allen Zeltlagerkindern der Hit. „Das esse ich dann auch jedes Jahr im Zeltlager, wenn ich hier für einen Tag und einen Gottesdienst am Lagerkreuz anreise" sagt Klaus Waldeck.

Der gebürtige Erbacher **Klaus Waldeck** studierte zunächst Mathematik, dann Theologie und ist seit 1992 katholischer Pfarrer, zur Zeit in Kelkheim. (SF)

Gribbes-Grabbes

Zutaten

500 g Nudeln (z. B. Schmetterlings-
nudeln oder Fusili)
500 g Äpfel
1 Msp. Zimt

1 TL Vanillezucker
500 g Paniermehl
200 g Butter
evtl. 1 EL gehackte Mandeln

Zubereitung

1 Die Nudeln bissfest kochen.
2 Die Äpfel schälen, in kleine
Stück schneiden und in wenig
Wasser so lange kochen, bis sie
zerfallen.
3 Dann zu Apfelmus stampfen
oder pürieren.
4 Mit Zimt und Vanillezucker
abschmecken.
5 Die Butter in der Pfanne
bei mittlerer Hitze zergehen
lassen.

6 Paniermehl hinzufügen und
kurz anrösten. Wer will, kann
auch noch Mandeln mitrösten.
7 Vorsicht! Brennt schnell an.
8 Die Nudeln auf einem Teller
anrichten, das Apfelmus darüber geben und als Topping das
Paniermehl.

AUS DE BACKSTUBB

Diese Kuchen muss man versuchen

Was kann besser trösten als süßes Backwerk?

Beerdigungen haben immer etwas Trauriges, für die Angehörigen des Verstorbenen sowieso, aber auch für die, die den letzten Weg begleiten. Sie werden von dem Gefühl der Traurigkeit und des Verlustes mit berührt. Das gehört eben auch zum Leben, und damit man das Lächeln nicht verlernt, gibt es fast überall im Rheingau nach den Beerdigungen noch eine gemeinsame Kaffeetafel. Denn was kann besser trösten als süßes Backwerk? Na ja, vielleicht noch ein Schnäpschen, das gibt es dann auch hin und wieder in Gedenken an den Verstorbenen. Weil man ja vorher nie genau weiß, wie viele Trauergäste auf den Friedhof und vor allem auch hinterher zum „Tröster", wie die Zusammenkunft im Rheingau heißt, mitkommen, hatte sich der Erbacher Bäcker Ottmar Fladung etwas Besonderes ausgedacht: den Beerdigungskuchen. Das große, halbrunde Hefegebäck, gefüllt mit Kakao und Rosinen, ist nicht nur sehr gehaltvoll und hat passenderweise einen Mantel aus dunkler Schokolade, die Stücke können auch je nach Anzahl der Gäste in der Größe leicht variieren, ohne dass das Backwerk mäßig wirkt. Über 40 Jahre war der Beerdigungskuchen der Bäckerei Fladung in Erbach legendär und fehlte bei keinem „Tröster". Leider gibt es die Bäckerei heute nicht mehr. Doch Sohn Hermann Fladung, ebenfalls gelernter Bäcker, backt den Kuchen heute noch ab und zu, dann aber auch für andere Anlässe. Denn der Schoko-Hefekranz schmeckt natürlich nicht nur nach Beerdigungen.

Der Erbacher **Hermann Fladung** ist gelernter Bäcker, betreibt heute jedoch einen Schreibwarenladen in Oestrich. (SF)

Beerdigungskuchen

Zutaten
500 g Mehl
1 Würfel frische Hefe
2 Eier
2 EL Zucker
1 Päckchen Vanillezucker
80 g Butter
250 ml lauwarme Milch.

Für die Füllung:
120 g Zucker
10 g Kakaopulver
Rosinen
etwas Öl

Zubereitung

1 Die Zutaten sollten alle Zimmertemperatur haben.
2 Aus dem Mehl, der Hefe, Zucker, Eiern, Butter und Milch einen klassischen Hefeteig herstellen, dabei alle Zutaten in einer großen Schüssel mit dem Knethaken der Rührmaschine vermengen, bis er Blasen wirft.
3 An einem warmen Ort gehen lassen, bis der Teig sein Volumen verdoppelt hat.
4 Den Teig ausrollen und mit Öl bestreichen, die Zucker-Kakao-Mischungen aufstreuen und Rosinen nach Geschmack verteilen.

5 Dann den Teig zusammenrollen und die Enden gut verschließen.
6 Die Kuchenrolle halbrund auf ein Blech legen und bei 170° C etwa 20 Min. backen.
7 Nach dem Erkalten mit dunkler Schokoladen-Kuvertüre bestreichen.

Das ist schon einen Asbach Uralt wert

Ursula Fröhlich ist ein wahres Schwimm-Wunder. Selbst mit 80 Jahren räumt sie bei den Deutschen Meisterschaften noch Goldmedaillen ab. Nur mit dem Kochen und Backen hat es die mehrfache Weltmeisterin nicht so. An ihre gefallene Torte denkt sie schmunzelnd zurück. Die Biskuitböden hatte sie gebacken und eingefroren, damit sie sich in aller Ruhe der Füllung widmen konnte: Sauerkirschen, geschlagene Sahne, Schokocreme und -streusel. Alles wurde vorsichtig Schicht für Schicht aufgetürmt. „Die fertige Torte gefiel mir richtig gut, ich war zuversichtlich, unsere Gäste beeindrucken zu können. Nun musste mein Meisterwerk ‚nur' noch auf die Tortenplatte. Da klingelte das Telefon. Ich erschrak so sehr, dass die Torte in die Luft flog und unsanft auf der Tischplatte landete."
Da lag sie nun – ein einziger Brei. Nur ein Boden konnte gerettet werden. Beim Probieren musste die jetzt gar nicht mehr so fröhliche Ursula dann auch noch feststellen: „Schmeckt nicht." Was nun? Alkohol war die Lösung! Behutsam gab sie einige Tropfen und dann mehr und mehr des Rüdesheimer Kultgetränks Asbach Uralt in die Matschepampe. Damit war die Füllung nun zu flüssig. So ein Mist! Was konnte die Feuchtigkeit schnell binden? Eine Tüte Dr. Oekter`s Früchtesuppe mit Waldbeer-Geschmack war die Lösung. Damit wurde der verbliebene Boden bestrichen. Die Krümel des dunkeln Bodens kamen darüber. Frische Sahne mit Schokostreuseln obendrauf – noch etwas in den Kühlschrank und fertig! Ende gut, alles gut? Nicht ganz, denn es ergab sich noch ein kleines Problem: Als die Gäste diese „Nottorte" probierten, wollten alle das Rezept ...

Die Geisenheimerin **Ursula Fröhlich** ist seit Jahrzehnten national und international in ihrer Altersklasse eine der erfolgreichsten Schwimmerinnen. (SF)

Ursulas Biskuitboden

Zutaten
6 Eier
220 g Zucker
1 Päckchen Vanillinzucker

1 Prise Salz
275 g Mehl
2 TL Backpulver

Zubereitung

1 Den Backofen auf 175° C Umluft vorheizen, einen Tortenring mit Backpapier am Boden auslegen.
2 Die Eier in der Küchenmaschine mit dem Salz für 1 Min. auf höchster Geschwindigkeit aufschlagen.
3 Danach den Zucker zügig einlaufen lassen und die Masse mindestens 10 Min. dick cremig schlagen, das Volumen sollte sich mehr als verdoppeln.

4 Dann das gesiebte Mehl und Backpulver nach und nach langsam unterheben.
5 Den Teig sofort in den Tortenring füllen, glatt streichen und im vorgeheizten Backofen 40 Min. backen.
6 Nach der Backzeit auskühlen lassen und dann nach Belieben verarbeiten.

Mit Gebäck durchs Gebück

Bettina Dzierza wohnt in Taunusstein, das ist für Rheingauer „hinner'm Gebück". Denn die natürliche Grenze des Rheingaus, bestehend aus Sträuchern und Hainbuchen, die seit ihrem Anpflanzen in jungen Jahren immer wieder „gebückt" und über Jahre hinweg zu einer undurchdringlichen natürlichen Grenze wurden, schützten den Rheingau jahrhundertelang vor Eindringlingen aus dem Norden. Nur durch befestigte Grenzposten konnte man damals den „freien Rheingau" betreten. Alles, was hinter dem Gebück lag, war erst einmal potentiell „feindlich" und fremd. Diese historische Grenze hat bis heute noch Auswirkungen, wie auch beim Zusammenschluss der Landkreise Rheingau und Untertaunus Ende der 1970er Jahre noch zu spüren war.

Bettina hatte es doppelt schwer: nicht nur, dass sie sich in einen Rheingauer verliebt hatte und so immer wieder über das Gebück nach Erbach anreisen musste, ihr Auserwählter ist auch noch gelernter Bäcker ... Eine spannende Beziehung also, doch Bettina schaffte es mit einem ganz besonderen Kuchen, das Herz ihres Bäckers zu gewinnen: der Trümmerkuchen hat selbst Hermann überzeugt. Der knusprigen Baiserhaube, die beim Anschneiden des Kuchens krachend zu einem Trümmerhaufen zerbricht, der frischgeschlagenen Sahne und den süßen Himbeeren darunter, die sich mit einem zarten Biskuit zu einem Genuss für den Gaumen verbinden, konnte sich auch er nicht entziehen und so hat der Trümmerkuchen Bettina über das Gebück hinweg in den Rheingau geholfen: „Das Rezept habe ich von einer ehemaligen Kollegin. Optisch gesehen ist die Torte nach dem Schneiden wirklich kein ‚Hingucker', aber wenn man sie probiert hat, wird man(n) süchtig."

Bettina Dzierza lebt mit ihren beiden Töchtern in Taunusstein und arbeitet beim ZDF in Mainz. (SF)

Trümmerkuchen

Zutaten
4 Eiweiß
250 g Zucker
3 – 4 Tropfen Vanilleextrakt
1/2 EL Essig

130 g geriebene Mandeln
1/4 l Sahne
250 g tiefgefrorene Himbeeren
Puderzucker

Zubereitung

1 Das Eiweiß steif schlagen und nach und nach den Zucker hinzu geben.

2 3 – 4 Tropfen Vanilleextrakt, Essig und die Mandeln unter die Eiweißmasse mischen.

3 Den Teig in zwei mit Backpapier ausgelegten Springformen mit 20 cm Durchmesser gleichmäßig verteilen und 2 Böden daraus formen.

4 30 Min. bei 160° C Heißluft backen und danach das Backpapier gleich entfernen, da es sonst an den Böden klebt.

5 Böden nicht zu dunkel werden lassen.

6 Gut auskühlen lassen.

7 Sahne schlagen und auf dem Boden verteilen.

8 Die tiefgefrorenen Himbeeren darauf geben und den zweiten Boden als Deckel darauf legen.

9 Ab in den Kühlschrank für 4 Std., damit die Himbeeren auftauen können.

10 Die Himbeeren bitte nicht schon aufgetaut auf den Kuchen, der könnte sonst durchweichen.

11 Puderzucker vor dem Verzehr drüber und guten Appetit.

Die Nacht-Bäckerin

Diana Nägler, verantwortlich für die touristische Vermarktung von „Kulturland Rheingau", ist eine echte Powerfrau. Der Job, dem sie mit Leidenschaft nachgeht, lässt ihr wenig Zeit für Mußestunden. Sie ist viel unterwegs, und das Handy ist ihr ständiger Begleiter. Zu Hause warten zwei Kinder auf die Mama. Und dann gibt es da noch die Verwandtschaft und einen großen Freundeskreis. Sie alle essen gerne Kuchen. Und weil Diana Nägler das weiß, steht sie manchmal noch zu später Stunde in der Küche und backt. Das Problem dabei ist weniger der Zeitfaktor. Diese nimmt sich die vielbeschäftigte Dame für ihre Lieben gerne – wenn es sein muss, auch nachts. Doch häufig kommt der Entschluss, mal wieder einen Kuchen ins Rohr zu schieben, ganz spontan. Und dann fehlen die Zutaten. Deshalb hat sich im Hause Nägler ein Rezept bewährt, das fast immer funktioniert – auch was die Ingredienzen anbetrifft. Mehl und Mandeln, Salz und Butter, Eier, Puddingpulver, Zimt und Zucker, auch mit Vanillin – das hat man meistens im Haus. Auch mit Zitronensaft und Schlagsahne kann man sich problemlos bevorraten. Und da Äpfel sehr gesund sind, fehlen auch die meisten nicht in der Obstschale der Näglers. Wäre da noch eine Flasche Rheingauer Riesling für die Creme. Trocken, aber fruchtig soll er sein. So schreibt es das Familienrezept vor. Das ist für Frau Diana das kleinste Problem, stammt sie doch aus einer weinaffinen Familie. Und ehrlich gesagt, für Menschen, die mit Riesling getauft sind, ist diese Gottesgabe einfach immer irgendwie und irgendwo im Spiel. So auch bei Diana Näglers Rheingauer Apfel-Riesling-Kuchen, der schnell gemacht und nicht nur für Weinfreunde ein echter Genuss ist.

Diana Nägler ist Geschäftsführerin der Rheingau-Taunus Kultur- und Tourismus GmbH und Mutter von zwei Kindern. (LM)

Rheingauer Apfel-Riesling-Kuchen

Zutaten für den Mürbeteig
200 g Mehl
50 g Mandeln, gemahlen
Salz
120 g Butter, weich
1 Ei, Kl. M

Zutaten für die Rieslingcreme
2 Päckchen Vanillepuddingpulver
0,75 l Rheingauer Riesling, trocken
aber fruchtig
200 g Zucker
3 Päckchen Vanillezucker
1 kg Äpfel, säuerlich
5 EL Zitronensaft
250 ml Schlagsahne
Zimt

Zubereitung

1 Mehl, Mandeln, Salz, Butter in Stückchen und das Ei in eine Schüssel geben.

2 Erst mit dem Knethaken des Handrührers, dann mit den Händen zu einem glatten Teig verarbeiten.

3 In Folie gewickelt 30 Min. kalt stellen.

4 Inzwischen das Puddingpulver und 10 EL Riesling verrühren.

5 Restlichen Wein, Zucker und 2 Päckchen Vanillezucker aufkochen.

6 Angerührtes Puddingpulver einrühren, unter Rühren auf-

kochen und von der Kochstelle nehmen.

7 Äpfel schälen, vierteln und entkernen.

8 Viertel quer in 1/2 cm dicke Scheiben schneiden, sofort mit dem Zitronensaft mischen und unter den Wein–Pudding heben.

9 Eine Springform (26 cm Ø) fetten und mit Mehl aus-stäuben. Mürbeteig auf der bemehlten Arbeitsfläche rund

Fortsetzung nächste Seite

(34 cm Ø) ausrollen und in die Form geben, dabei einen Rand formen und andrücken.

10 Apfel-Riesling-Pudding darauf geben.

11 Kuchen auf dem Rost, auf der 2. Schiene von unten, im vorgeheizten Backofen bei 180° C 75 Min. backen (Gas 3, Umluft 160° C), dabei evtl. nach 45 Min. locker mit Backpapier abdecken.

12 Kuchen in der Form am besten über Nacht im Kühlschrank vollständig auskühlen lassen.

13 Sahne nach Wunsch ungesüßt oder gesüßt mit 1 Päckchen Vanillezucker steif schlagen.

14 Kuchen aus der Form lösen, Sahne auf der Oberfläche verstreichen und mit Zimt bestäuben.

Die rote Leidenschaft des Volker M.

Volker Mosler ist Bürgermeister der Stadt Rüdesheim am Rhein und er macht keinen Hehl daraus, dass Rot nicht gerade seine Lieblingsfarbe ist. Wenn jedoch Lust und Leidenschaft ins Spiel kommen, dann wirft selbst der Bürgermeister seine politische Gesinnung über Bord und gibt sich der roten Versuchung hin. Und das kam so: Volker Moslers Familie ist in Eibingen zu Hause und somit ganz nah dran an den Reben. Die Rüdesheimer, die im Stadtteil Eibingen leben, sind bodenständige Leut'. Viele Familien haben Weinberge geerbt und bewirtschaften diese im Nebenerwerb. So auch Volker Moslers Familie. Gleich unter der Abtei hatte Moslers Großvater zwei winzige Parzellen. Doch die waren nicht wie das Umfeld mit Riesling, sondern mit roten Trauben bestockt. Man machte daraus wenig Aufhebens, erntete die Spätburgundertrauben und machte daraus einen trinkbaren Wein für den Hausgebrauch. Es waren nur wenige Liter, doch man war froh und dankbar, sie zu haben. Auch Volker Moslers Großmama wusste dieses Geschenk der Natur sehr zu schätzen. Hin und wieder zweigte sie ein Fläschchen ab und zauberte aus dem roten Saft der Reben, aus Eiern, Butter und Zucker, aus Mehl, einer Prise Zimt, Kakao und Schokobröckchen einen glänzenden, herrlich duftenden Kuchenteig. Das Rezept dafür kommt aus dem Familienschatz.

Da Mosler sich für Geschichte und Geschichtchen seiner Heimat interessiert und ein eifriger Sammler der unterschiedlichsten historischen Utensilien ist, hat er auch das Rezept für den Rotweinkuchen mit nach Hause genommen und archiviert – damit er seine roten Leidenschaft ausleben kann, wann immer ihm der Sinn danach steht.

Volker Mosler ist Bürgermeister von Rüdesheim am Rhein und lebt mit seiner Frau und seinen beiden Töchtern im Ortsteil Eibingen. (LM)

Rotweinkuchen à la Mama Mosler

Zutaten
250 g Margarine
250 g Zucker
5 Eier
1 Päckchen Vanillezucker
1 Päckchen Backpulver
1 TL Zimt

1 TL Kakao
150 g Schokostreusel oder fein
gehackte Schokolade
300 g Mehl
1/8 l Rotwein

Zubereitung

1 Margarine, Zucker und Eier
schaumig schlagen.
2 Mehl und Backpulver mischen und mit den übrigen
Zutaten unterrühren.
3 Zuletzt den Rotwein angießen
und dann alles in einer gefette-
ten Backform bei 200° C Unter-
und Oberhitze eine Stunde
lang im vorgeheizten Backofen
ausbacken.

Jeden Samstag einen Kuchen von der Oma

Über 100 Jahre ist die Oma von Frank Förster alt geworden und war damit älteste Bürgerin von Oestrich-Winkel. Bis zum Schluss hatte Katharina Schmidt das Zepter im Hause Förster in der Hand und auch als Hundertjährige kochte, backte und putzte sie noch und wirkte dabei gut zwanzig Jahre jünger. Die Arbeit habe sie so jung gehalten, ihr Lebensmotto habe darin bestanden, dass sie „vor keiner Arbeit je Angst gehabt habe", sagte das respektierte Oberhaupt der Familie. „Meine Oma backte jeden Samstag Kuchen. Noch so richtig. Keine Fertigmischung. Und wir freuten uns, wenn wir die Schüssel auslecken durften", erinnert sich Frank Förster an damals. Im eigenen Haushalt fing der Vordenker in Sachen Internet im Rheingau dann selbst an zu backen und entdeckte: „Kuchen backen ist eigentlich einfach. Es müssen nur die Mengen stimmen. Schon gelingt's." Der Türmchenkuchen ist der Klassiker von Frank Förster, der seit den 90er Jahren das Internetportal rheingau.de mit großem Erfolg betreibt. Die Söhne Joshua und Samuel gaben dem Hefekuchen mit Kakao-Mandel-Rum-Füllung den Namen. Denn der Teig wird ausgerollt, die Füllung wird verteilt und wieder eingerollt. Die lange Rolle wird in zwölf kleine Stücke geschnitten und die werden in der runden Form senkrecht aufgestellt. So sehen sie aus wie kleine Türmchen. Den Kuchen lässt Förster im vorgewärmten Ofen eine dreiviertel Stunde gehen. So wachsen die „Türmchen" nicht nur nach oben, sondern auch eng zusammen. Dann noch 35 Minuten bei 200° C Heißluft backen und er ist fast fertig. Zum guten Schluss kommt noch ein Zuckerguss. Der wird in einer Tasse mit Puderzucker und Wasser angerührt und portionsweise mit einem Löffel auf die Türmchen verteilt.

Frank Förster betreibt den Internetdienst Klickrhein in Oestrich-Winkel und zeigt auf rheingau.de, was der Rheingau alles bietet. (SF)

Türmchenkuchen

Zutaten

für den Teig	für die Füllung
500 g Mehl	100 g Butter
100 g Margarine	100 g Zucker
80 g Zucker	1 Päckchen Vanillezucker
1 TL Salz	je nach Belieben mindestens ein
1 Tasse warme Milch	Esslöffel Kakao, Rum, gehackte
1 1/4 Würfel Hefe	Mandeln und Rosinen

Zubereitung

Die Zubereitung erläutert Frank
Förster persönlich im Text
links.

Wild auf Waffeln?
Im Hotel Im Schulhaus haben Waffeln Schule gemacht

Ihre Kindheit hat Susanne Röntgen-Müsel in Dortmund verbracht. Die Wahlrheingauerin mit dem Gespür für's Echte denkt gerne an die Zeit im „Pott" zurück, an die Menschen und auch an das, was zu Hause auf den Tisch kam. Unvergessen sind die Waffeln ihrer Oma, die zu besonderen Anlässen gebacken wurden. Sonn- und feiertags, an Geburtstagen und an Ehrentagen wie Zeugnisausgabe (mit guten Noten) oder wenn es in den Ferien Bindfäden regnete – immer dann wurde das Waffeleisen aus dem Schrank geholt. Die Waffeln waren ein Hochgenuss, spendeten Trost, kamen zu Türmchen geschichtet auf den Tisch. Man durfte essen, so viel man wollte und konnte – solange das Waffeleisen glühte.

Heute ist Susanne Röntgen-Müsel Hoteldirektorin und führt das Hotel Im Schulhaus in Lorch. Viele liebevolle Details in dem etwas anderen Hotel erinnern die Gäste an die Zeit, als sie noch Kinder waren und die Schulbank drückten. Auf dem Frühstücksbuffet findet man längst vergessene Genüsse aus Kindertagen wie zum Beispiel die heißgeliebten „Mohreköpp", die heute Schaumküsse heißen (müssen). Ob „Pausenbrote", „Schulausflug" oder „Tafeldienst" – hier knüpft man bewusst an die Schulzeit an.

Schule gemacht haben auch Omas Waffeln, die Susanne mitgebracht hat in den Rheingau. Denn was gibt es Schöneres, als den Tag mit duftenden, fluffigen Waffeln zu beginnen. Immer sonntags steht das Waffeleisen bereit. Und wenn die Schüler, die hier Gäste heißen, brav sind, dann wird auch werktags eingeheizt …

Zusammmen mit einem kleinen engagierten Team führt **Susanne Röntgen-Müsel** das Hotel Im Schulhaus. Der Slogan „Große Ferien!" lockt Aktiv-Urlauber und Kultur-Interessierte in das beliebte Haus in der kleinen Winzergemeinde Lorch. (LM)

Schulhaus-Waffeln

Zutaten
250 g Butter
200 g Zucker
1 Päckchen Vanillezucker
3 Eier

500 g Mehl
1 Päckchen Backpulver
1/2 l Wasser

Zubereitung

1 Alle Zutaten zu einem flüssigen Teig verarbeiten.
2 Waffeleisen vorheizen und einfetten.
3 2 gehäufte EL Waffelteig in die Mitte des Waffeleisens geben.
4 Wenn sich der Teig verteilt hat, Waffeleisen schließen und Waffeln ausbacken.

5 Auf ein Kuchengitter legen. Auskühlen lassen und mit Puderzucker bestäuben.

Kann auch als Dessert mit Vanilleeis, Fruchtkompott und Schlagsahne serviert werden. Kinder lieben auch mit Nutella bestrichene Waffeln.

Kulturland Rheingau – die Genuss Region

Der Rheingau ist eine echte Genuss Region. Dank des milden Klimas gedeihen hier Pflanzen und Früchte, Kräuter und Gemüse in reicher Auswahl. Schon früh im Jahr hält der Frühling Einzug. Der Sommer verwöhnt mit einer bunten Vielfalt, und im Herbst läuft die Natur noch einmal zur Hochform auf. Die Sonne vergoldet die Tage und lässt die Trauben reifen. Jetzt beweist sich, ob das Jahr auch für die Winzer ein gutes Jahr war.

Der Wein gehört zum Rheingau wie die Luft zum Leben. Ohne Wein geht hier gar nichts. Auch in meiner Familie und in meinem Freundeskreis spielt der Wein eine wichtige Rolle. Wen wundert es da, dass dieses Geschenk Gottes auch in den Rheingauer Küchen omnipräsent ist. Man kocht und backt mit Wein, verwendet ihn für Süßspeisen und gibt vielen Köstlichkeiten mit Wein erst den rechten Pfiff. Und natürlich wird Wein zum Essen getrunken – oft auch schon beim Kochen.

Ich empfehle Ihnen, schenken Sie sich einen unserer herrlichen Rheingauer Rieslinge ein – ein Spätburgunder aus dem weltbekannten Assmannshäuser Höllenberg geht natürlich auch – und genießen Sie dieses Büchlein in vollen Zügen. Es lässt Sie tief in die Töpfe und mitten hinein in die Rheingauer Seele schauen.

Ich wünsche den Autorinnen, die echte Rheingauer „Mädchen" sind, viel Erfolg und allen Lesern viel Genuss bei uns im Kulturland Rheingau.

Wohl bekomm's!

Diana Nägler
Geschäftsführerin Rheingau-Taunus Kultur und Tourismus GmbH

Ingrid Schick

Grüne Soße – Die besten Rezepte

**ISBN 978-3-86314-303-9, 119 S.,
2. Auflage, Hardcover, 9,90 €**

Ob klassisch frankfurterisch oder nach Kasseler Art, das erste Koch- und Lesebuch über die Grüne Soße präsentiert das hessische Nationalgericht in vielen Facetten.

Ingrid Schick

Hessen Tapas

**ISBN 978-3-937774-92-3, 144 S.,
2. Auflage, Hardcover, 9,90 €**

Was liegt näher, als die Tapas auch in Hessen zu etablieren? Denn wie in der spanischen Küche, gibt es in der hessischen ein umfangreiches Repertoir bodenstänidger Gerichte. Hessische Spitzenköche nutzen die Chance, daraus über 50 kleine Köstlichkeiten zu kreieren.

Jörg Stier

Apfelwein in Geschichten und Anekdoten

ISBN 978-3-937774-29-9, 144 S.,
2. Auflage, Hardcover, 9,90 €

Die ganze Geschichte des Apfelweins,
unterhaltsam und lehrreich erzählt von
einem, der es wissen muss: Keltermeister
Jörg Stier aus Maintal–Bischofsheim.
Mit Illustrationen von Joerg Eyfferth

Kerstin Völker-Zahn

Süßes Hessen

ISBN 978-3-86314-277-3; 96 S., Hardcover, 9,90 €

Ein Buch voller typisch hessischer Köstlichkeiten: Desserts, Kuchen, Torten,
Aufläufe, Puddings, Soßen und Cremes.

Es wurden Mütter, Tanten, Landfrauen,
Marktbeschicker, Köche und Bekannte
gefragt und vieles selbst ausprobiert.
Süße Speisen sind ein Genuss nach einer
Mahlzeit, eine Zugabe zum Kaffeekränz-
chen, manchmal eine ganze Mahlzeit und
oft einfach ein Seelentröster.